Enfoques

ENFOQUES

Temas de comentario oral y escrito

MIREYA CAMURATI

State University of New York at Buffalo

With the assistance of

DOROTHY B. ROSENBERG

D.C. HEATH AND COMPANY

Lexington, Massachusetts   Toronto

ACKNOWLEDGMENTS

The following photographs were reproduced courtesy of: Porsche-Audi, p. 4 (left), p. 5 (left); Museo de Arte Moderno, Chapultepec, México, p. 37; U.S. Air Force, Patrick Air Force Base, Florida, p. 44; National Air and Space Museum, Smithsonian Institution, Washington, D.C., p. 53; Eduardo MacEntyre and Industrias Siemens, Buenos Aires, Argentina, p. 54; United Fruit Company, p. 62; Ediciones de la Flor, Buenos Aires, Argentina, pp. 76–77; Instituto Nacional de Bellas Artes, México, p. 134; Universidad Nacional Autónoma, México, pp. 135, 136, 141; Salvador Dali Museum, Collection of Mr. and Mrs. A. Reynolds Morse, Cleveland, Ohio, p. 144; Dartmouth College, Hanover, New Hampshire, p. 152; Marilu Pease, p. 153.

The following photographs and illustrations were reproduced permission of: Peter Menzel, pp. 2, 5 (right), 9, 11, 14, 23, 28, 44, 52, 57, 66, 67, 70–72, 75, 84–85, 87, 91, 96, 114–115, 120–123, 127, 140; Cliché des Musées Nationaux, Paris, pp. 3, 4 (right); Culver Pictures, New York, pp. 8, 32; Museo del Prado, Madrid, pp. 35, 102, 111; The National Gallery of Art, Washington, D.C., Samuel H. Kress Collection, p. 103. "Destruction of the World by Water" (Codez Dresdenis) on p. 106 was reprinted from the *Ancient Maya*, Third Edition, by Sylvanus Griswold Morley; revised by George Brainerd with the permission of the publishers, Stanford University Press, Copyright © 1946, 1947, and 1956 by the Board of Trustees of the Leland Stanford Junior University.

"Pálida Luna" by Leopoldo Lugones from *Obras poéticas completas,* 3a edition, 1959, on p. 46 was reprinted courtesy of Aguilar S.A. de Ediciones, Madrid.

Preface

Our basic purpose in this text is to present materials and exercises for second and third-year college courses in written and spoken Spanish. The book is an appropriate text for intermediate courses in Spanish composition and conversation. It can also be used as a supplement to a basic grammar text in language-learning courses beyond the elementary level.

Selecting the materials to include in a foreign language textbook poses some problems that do not exist in other fields in which the readers' native tongue is the only one used. Perhaps the most critical problem stems from the discrepancy between the students' intellectual capacities and their ability to express themselves in the language they are learning. That is, the students who will use this book have the capacity and interest to think about and discuss a wide range of topics with little difficulty; however, they may be severely limited in their ability to verbalize their thoughts and ideas in Spanish. This discrepancy is frequently confusing and frustrating to both students and instructors. It also presents a danger for the textbook authors. In selecting the materials they want to include in their books they try to control the level of language difficulty, but in so doing they run the risk of simplifying the intellectual content to the point where the topics for discussion lose their relevance and interest.

To avoid this danger we have taken the position that it is possible and necessary to provide intermediate-level Spanish students with a variety of complex and thought-provoking themes for discussion, if we also offer them the appropriate vocabulary grammatical aids. By working with the readings and exercises in *Enfoques*, students will be able to develop their own ideas and learn to express them in Spanish.

There are other problems in selecting materials and organizing them in foreign language textbooks. One involves presenting the materials outside of their original contexts. The other arises from the use of artificial forms, such as dialogues or forced situations that have no relevance for students or that do not occur in real life.

In order to minimize both of these problems we have organized this book in ten self-contained units dealing with topics of current relevance and interest. Each unit contains the following components:

Illustrations (photographs, pictures, etc.) that provide the basis for descriptions, commentaries, and exercises.

A nucleus of vocabulary items, including verbs that relate to the central theme of the unit.

A variety of brief readings in poetry and prose, along with commentaries.

Exercises for practicing vocabulary, syntactical patterns, and simple and complex sentence structures.

Suggested topics for oral and/or written discussion.

Each of the units presents a single theme from various points of view in order to capture student interest and to guide study and discussion. The topics for written and/or oral discussion are based directly on the illustrative materials, so that students may ground their work in the reality of their own observations. The vocabulary lists and the various exercises in each unit are designed to help students enrich their vocabularies and enhance their facility in the Spanish language.

The order in which the units appear is not intended to be a necessary sequence for study. Each unit is autonomous; units may be selected and organized according to the needs and interests of each classroom situation. In the same manner, the illustrations, readings, and exercises in each unit can also be used selectively according to the preferences and abilities of particular instructors and students.

Following the ten thematic units there is a grammar appendix that presents, in chart form, the morphology of some of the parts of sentences, such as pronouns, verbs, prepositions, articles, and numerical adjectives, as well as the syntactical structures of simple and compound sentences. The book concludes with a Spanish-English vocabulary that lists all words appearing in the thematic units, except cognates, and the parts of sentences that are analyzed in the grammar appendix.

We would like to express our appreciation to the editorial staff of modern languages in the College Division of D. C. Heath and Company for sustained interest in our work and assistance during the preparation of this book.

Mireya Camurati
Dorothy B. Rosenberg

Contenido

Introducción

Como lo indicamos en el Prefacio, este libro puede usarse junto con uno de gramática en cursos de segundo año de aprendizaje de la lengua española, y también como texto único en cursos intermedios de conversación y composición.

La posibilidad de adaptarlo a distintos niveles de conocimiento, y a diversos grupos de estudiantes, está asegurada por la estructura abierta del texto en cuanto a estar organizado en Unidades autónomas que no exigen estudiarlas en una secuencia rígida. El instructor y los alumnos pueden decidir el orden en que desean tratarlas, el tiempo que van a dedicar a cada una, cuáles usar y cuáles suprimir. También, en cada Unidad en sí es posible concentrarse en determinadas lecturas, comentarios o ejercicios, y omitir otros.

La índole de los temas de las distintas Unidades es variada, y los mismos se presentan para ser considerados desde distintos puntos de vista.

No hay tema que sea intrínsecamente fácil o difícil. Todo depende de la forma de encararlos. Aquí también el instructor puede adaptar los contenidos del capítulo a las posibilidades e intereses del grupo particular de alumnos teniendo muy presente que las limitaciones idiomáticas en el uso de la lengua extranjera no implican limitaciones similares en la capacidad intelectual de sus estudiantes.

Uso de los Materiales

Ilustraciones. Todas las ilustraciones del libro sirven un propósito preciso, ya sea ser el motivo de una descripción, comentario o discusión, o complementar o acompañar un texto literario. En muchos casos, todo el contenido textual se apoya o gira alrededor del material gráfico. Pensamos que con esto se evita el tratamiento artificial de los temas propuestos. Las fotografías o pinturas ofrecen escenas y situaciones reales que pueden usarse como base apropiada para descripciones, comentarios, y ejercicios.

En cierta medida, el instructor debe enseñar a los alumnos como y qué observar en la fotografía y tratar de sacar el máximo provecho de esa observación.

Núcleos de vocabulario. Creemos que la ejercitación de los *Núcleos de vocabulario* con palabras análogas o sinónimas, y palabras afines, resulta sumamente útil para enriquecer las posibilidades de expresión. Los *Núcleos de vocabulario* que se ofrecen en cada Unidad son sólo los más comunes y generales en relación con el tema central de la misma. Pero esto no quiere decir que debamos limitarnos a estos grupos o, lo que es peor, que impongamos la obligación de leerlos y recordarlos. Es necesario acostumbrar a los alumnos a organizar *Núcleos de vocabulario* con cualquier palabra o palabras que surjan en las discusiones y comentarios. Las mismas reflexiones son válidas para la lista de *Verbos relacionados con el tema.*

Textos breves (frases, poesías, párrafos en prosa). El limitar las lecturas a textos breves responde a la necesidad de controlar las dificultades en el vocabulario y en las estructuras idiomáticas. Si bien es indiscutible que las obras de buenos escritores siguen siendo los paradigmas de la lengua, la transcripción de textos extensos en un idioma extranjero puede presentar problemas de lectura y comprensión desproporcionados en relación a la habilidad y posibilidades de estudiantes en un nivel elemental o intermedio de aprendizaje.

Variaciones de expresión. En esta sección de cada Unidad se busca demostrar y ejercitar formas diferentes de expresar los mismos conceptos o ideas. Las variaciones pueden practicarse en el vocabulario, en la posición de los elementos sintácticos, o en el cambio de la estructura de la oración simple a la compuesta.

Como en el caso de los *Núcleos de vocabulario*, los ejercicios de *Variaciones de expresión* que se ofrecen en cada Unidad son sólo algunos ejemplos de muchos posibles. Es aconsejable insistir en la práctica de estas variaciones usando cualquier oración o párrafo que aparezca en el texto, o que surja en las discusiones orales.

Temas de comentario oral o escrito. Al final de cada Unidad se proponen varios temas para ser comentados en forma oral o escrita. El instructor y los alumnos pueden elegir aquéllos que más les interesen para discutirlos, o pueden organizar el comentario oral o la composición escrita sobre cualquier aspecto o perspectiva del tema central.

Apéndice gramatical. En el Apéndice figuran en forma de cuadros sinópticos listas de pronombres (personales, demostrativos, posesivos, relativos, indefinidos, interrogativos); adjetivos numerales; artículos; preposcicones; y la conjugación completa de los verbos auxiliares (**ser, estar, haber**); de los verbos tipos de la primera, segunda y tercera conjugación, y de algunos verbos irregulares de uso muy frecuente.

Además, se ofrece un esquema básico de la oración simple y compuesta.

Los alumnos encontrarán en este Apéndice una fuente de consulta rápida para ciertas dudas básicas, o para tener una visión general de la morfología de algunas de las partes de la oración.

Maquinismo y tecnología

Ramón Lapayese, *Personajes*. Museo de Arte Contemporáneo, Madrid.

PREGUNTAS

Conteste las siguientes preguntas sobre la fotografía:

1. ¿Cuántos personajes integran la escultura?
2. ¿Dónde están?
3. ¿Qué hacen?
4. ¿Cuál es el tema de esta escultura?
5. ¿Le gusta esta forma de arte moderno, o prefiere una escultura tradicional? Explique la razón de su preferencia.

Comentario

Ramón Lapayese usa el automóvil como elemento importante en este grupo escultórico, lo cual no es nada extraño. El arte contemporáneo ha incorporado en sus obras materiales y temas que antes se consideraban fuera del dominio estético. Esto se nota especialmente en la producción de los artistas de vanguardia.[1] En una de las frases más recordadas de *Fundación y*

---

[1] **Artistas de vanguardia:** Artistas de escuelas o movimientos como el futurismo, el cubismo, el dadaísmo, el surrealismo, que surgieron en las primeras décadas del siglo XX. Las características comunes a todos ellos eran el afán de renovación, el rechazo de lo tradicional y los intentos de explorar nuevas posibilidades estéticas.

Victoria de Samotracia. Museo del Louvre, París.

manifiesto del futurismo, Marinetti[2] afirma que «Un automóvil de carrera es más bello que la *Victoria de Samotracia*».

---

[2] **Filippo Tommaso Marinetti** (1876–1944): Jefe del futurismo, movimiento que se inició en Italia en 1909. Los futuristas adoptaron una actitud iconoclasta en cuanto a tradiciones, instituciones y principios artísticos. Exaltaron el movimiento, la energía, y el poder de las máquinas. Su influencia fue especialmente importante en pintura y literatura.

La *Victoria de Samotracia* es una de las obras maestras del arte griego. Esta célebre escultura es la de una mujer alada en la proa de una nave, que era la manera en que los griegos simbolizaban a la diosa de la victoria. Fue hallada en 1863 en la isla de Samotracia.

EJERCICIOS DE DISCUSIÓN

A. Compare las dos fotografías en relación con la frase de Marinetti: «Un automóvil de carrera es más bello que la *Victoria de Samotracia*». Decida:

1. ¿Cuál es más bello?
2. ¿Cuál es más útil?
3. ¿Cuál es más perdurable?
4. ¿Por cuál pagaría más si pudiera comprarlos?
5. ¿Cuál le causa mayor impresión?

Automóvil de carrera.

Victoria de Samotracia.

Automóvil de carrera.

Estatua ecuestre
del rey Felipe III
en Madrid.

B. Observe y compare las dos fotografías. Conteste o discuta las siguientes
preguntas:

1. ¿Puede explicar por qué en la estatua se representa al rey Felipe III
   montado a caballo?
2. ¿Es lógico que en el siglo XX los personajes de una escultura aparezcan en un automóvil, un avión o una nave espacial?
3. ¿Piensa que una estatua ecuestre tiene valor artístico, o sólo
   histórico-ornamental?
4. En algunas guerras como la de la conquista de México, el uso del
   caballo fue decisivo para dar la victoria a los españoles contra los indios mexicanos que no conocían este animal. ¿Puede hacer un
   paralelo con la importancia del uso de las fuerzas motorizadas y los
   aviones en las guerras modernas?

NÚCLEOS DE VOCABULARIO

Note: The following groups of words and lists of verbs provide additional vocabulary related to the central theme of this unit. These lists and the exercises that can be developed from them can be useful in enriching vocabulary. It is not necessary to memorize or use these lists in a formal way. Rather, they can be used for reference and to provide a basis for learning to express ideas in different ways.

PALABRAS ANÁLOGAS O SINÓNIMAS

la máquina	*machine*
el aparato	apparatus
el mecanismo	mechanism
el artefacto	device, appliance
el dispositivo	device, mechanism
la maquinaria	machinery
el obrero	*worker*
el operario	skilled worker
el trabajador	laborer
el artesano	artisan
el asalariado	wage earner
el jornalero	day laborer
el técnico	*technician*
el experto	expert
el perito	expert
el mecánico	mechanic
el autómata	*automaton*
el robot	robot

PALABRAS AFINES

la oficina	office, workshop
la fábrica	factory
la planta	plant
el taller	workshop
la electricidad	electricity
el electrón	electron
la electrónica	electronics
la computadora	computer
el automóvil	automobile
el automovilista	motorist

el **motor**	engine
el **carburador**	carburetor
el **silenciador**	muffler
el **amortiguador**	shock absorber
la **batería**	battery
el **freno**	brake
el **acelerador**	accelerator
el **volante**	steering wheel
el **parabrisas**	windshield
el **parachoques**	bumper
el **guardabarros**	fender
la **rueda**	wheel
el **neumático**	tire, pneumatic tire
la **cubierta**	covering, tire
la **llanta**	rim, tire
el **engranaje**	gear, gearing
el **piñón**	pinion
la **biela**	crank, connecting rod

ALGUNOS VERBOS RELACIONADOS CON EL TEMA

automatizar   to automate
Los dueños decidieron **automatizar** la vieja planta industrial.

mecanizar   to mechanize
El ingeniero **mecanizó** todas las etapas de fabricación del producto.

industrializar   to industrialize
Industrializar ese país no era una tarea fácil.

inventar   to invent
Edison **inventó** la lámpara de filamento incandescente.

trabajar   to work
En esa época, muchos obreros **trabajaban** en condiciones penosas.

fabricar   to manufacture
Tres compañías **fabrican** el mismo producto.

manufacturar   to manufacture
En esa planta **manufacturaban** todas las piezas de la máquina.

producir   to produce
Esa región **produce** acero.

progresar   to progress
Nuestra sociedad **progresó** gracias a las máquinas.

manejar   to drive
Manejas muy bien este automóvil.

conducir   to drive
Conducía el automóvil de carrera a 250 kilómetros por hora.

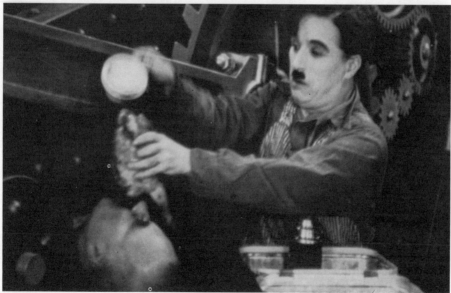

Identifique en las fotografías los siguientes objetos:

la rueda *gear*   la biela — *rod*   la taza
la rueda dentada   la cadena transportadora   los anteojos *eyeglasses*
el piñón *pin*   el termo

transportation chains (belts)

PREGUNTAS   Conteste las siguientes preguntas sobre las fotografías:

1. ¿Cuántos personajes aparecen?   3. ¿Dónde están?

2. ¿Quiénes son?   4. ¿Qué hacen?

Explicación

Estas son escenas de *Tiempos modernos*, una película de Chaplin.[3] En ella vemos una aguda sátira del maquinismo, y la lucha de Carlitos para defender su individualidad y no caer atrapado por mecanismos y engranajes.

Hay momentos tragicómicos, como aquél en el que se muestra el aparato que permite que los obreros coman sin tener necesidad de abandonar su trabajo.

También, se nota la crítica a los sistemas de producción capitalistas a través de las miserias que debe soportar un obrero sin trabajo.

Pero el mensaje social está siempre acompañado de una dosis abundante de gracia y risa con las que se evita la rigidez dogmática, y se afirma el valor diversivo del filme.

PREGUNTAS   Conteste las siguientes preguntas sobre la fotografía:

1. ¿Qué lugar muestra la fotografía?

2. ¿Qué hace el hombre que aparece en la foto?

---

[3] **Charles Spencer Chaplin** (1889–1977): Genial actor, productor, director y escritor cinematográfico inglés. Conocido en distintos países como *Charlie, Charlot,* o *Carlitos.* Filmó numerosas películas. Entre las más famosas pueden mencionarse: *Armas al hombro (Shoulder Arms); El chico (The Kid); La quimera del oro (The Gold Rush); Tiempos modernos (Modern Times); El gran dictador (The Great Dictator); Candilejas (Limelight).*

3. Describa a este hombre.

4. Identifique los siguientes objetos en la fotografía:

la silla   la máquina de coser
la mesa   el zapato
el estante   el tarro

Comentario

Las fotografías de Carlitos en *Tiempos modernos* pueden ilustrar en cierta medida las características del trabajo de un obrero en una fábrica automatizada. La del zapatero de viejo o remendón muestra la labor de un trabajador independiente, en su propio taller. Si las comparamos, notaremos grandes diferencias. En la fábrica, las máquinas predominan sobre el hombre quien, como en la parodia de Chaplin, puede simbólicamente ser atrapado en los engranajes de los mecanismos. El remendón está trabajando con sus manos; tiene únicamente una máquina de coser cuyos movimientos él dirige y que usa sólo en algunas ocasiones.

En cuanto a los productos que manufacturan o reparan, el obrero fabril conoce sólo la pequeña porción del producto que él debe armar y no sabe nada del destino final de ese producto, quién va a comprarlo o a usarlo.

El remendón, lo mismo que cualquier artesano de otras épocas, conoce a sus clientes y sabe quién es el dueño del zapato que está arreglando.

La automatización y anonimato del sistema fabril contemporáneo producen en los obreros un sentimiento de alienación: se sienten ellos también piezas de una maquinaria cuyos movimientos y objetivos escapan por completo a su control o conocimiento.

EJERCICIO   Compare el trabajo de un obrero en una fábrica automatizada con el de un trabajador independiente o artesano (zapatero, carpintero, joyero, etc.). Responda a las siguientes preguntas:

1. ¿Cuántas horas por día trabaja el obrero y cuántas el artesano?

2. ¿Quién gana más?

3. ¿Quién está más seguro de conservar su trabajo?

4. ¿Quién realiza más esfuerzo físico?

5. ¿Quién realiza más esfuerzo mental?

6. ¿Quién está más protegido por seguros y beneficios sociales?

7. ¿Quién realiza un trabajo más entretenido?

8. ¿En general, quién cree que está más satisfecho con su trabajo?

Sobre la base de las opiniones anteriores, si tuviera que escoger entre ser un obrero o un artesano, ¿cuál ocupación elegiría? Escriba como mínimo cinco oraciones para contestar a esta pregunta.

Centro de computadoras, Universidad de
Guadajara, México.

muy moderno
muy limpia

Un robot en un noticiario de un canal de
televisión, en San Juan, Puerto Rico.

newscaster

Comentario

La aparición, difusión y uso de las computadoras ha revolucionado el panorama de nuestra época hasta el punto de que muchos hablan de una sociedad de la computadora, o una era de la computadora.

Relacionado con esto, aunque todavía no tan generalizados, podemos mencionar a los robots.

Las microcomputadoras han extendido las posibilidades de aplicación de estos sistemas, y abaratado su costo.

La industria, el comercio, las escuelas y universidades, los bancos, las oficinas gubernamentales, los hospitales, los sistemas de comunicación y de transporte, todos en mayor o menor grado se sirven de computadoras. Asi, podría afirmarse que en los países industrializados no hay individuo que no sea afectado por el uso de las computadoras, o permanezca ignorante de su existencia.

OPINIONES POLÉMICAS

Discuta a favor o en contra las siguientes afirmaciones:

1. En la sociedad contemporánea, el hombre depende tanto de las máquinas que se vuelve vulnerable. (Por ejemplo, queda indefenso si hay un apagón o suspensión total de corriente eléctrica.)
power plant

2. El uso de máquinas y computadoras limita y a veces atrofia las facultades físicas e intelectuales. (Por ejemplo, muchos problemas físicos son causados por la falta de ejercicio. Se va de un lugar a otro en automóvil, y no se camina lo suficiente. El niño o adulto que usa una calculadora no es capaz de realizar operaciones matemáticas por sí solo como lo hace otro individuo que no utiliza una calculadora.)
atrophy

3. La información de todo tipo que en nuestra época acumulan las computadoras puede usarse o volverse eventualmente contra los individuos. (Por ejemplo, en el caso de que personas, grupos, o el Estado decidan utilizar esa información contra alguien determinado.)

VARIACIONES DE EXPRESIÓN

VARIACIONES LÉXICAS Y ORACIONALES

Sobre la base de una oración simple, podemos ejercitar variaciones de vocabulario:

1. **En la fábrica,** el obrero trabajó rápidamente con la nueva máquina.
   En la planta
   En el taller

2. En la fábrica, **el operario** trabajó rápidamente con la nueva máquina.
   el mecánico
   el asalariado
   el jornalero

3. En la fábrica, el obrero trabajó rápidamente con **la nueva máquina.**
   el nuevo aparato.
   el nuevo mecanismo.
   el nuevo artefacto.

También puede alterarse el orden de los elementos sintácticos. En la primera oración el orden es el siguiente: complemento de lugar, sujeto, verbo, complemento de modo, complemento de instrumento:

En la fábrica, / el obrero / trabajó / rápidamente / con la nueva máquina.
Complemento   Sujeto   Verbo   Complemento   Complemento de
de lugar   de modo   instrumento

Al poner el complemento de lugar al comienzo, se enfatiza el lugar donde se cumple la acción del verbo.

Si en cambio se quiere destacar el sujeto, se lo coloca al principio de la oración:

El obrero / trabajó / rápidamente / con la nueva máquina / en la fábrica.
S.   V.   C.M.   C. Instr.   C.L.

En ciertas ocasiones deseamos llamar la atención sobre la acción del verbo, y así lo colocamos en primer lugar:

Trabajó / el obrero / rápidamente / con la nueva máquina / en la fábrica.
V.   S.   C.M.   C. Instr.   C.L.

En cambio, la construcción con el verbo al final, a la manera del latín clásico, aunque no es incorrecta, es completamente inusitada en la conversación, y rara aun en la prosa literaria:

En la fábrica, / con la nueva máquina / el obrero / rápidamente / trabajó.
C.L.   C. Instr.   S.   C.M.   V.

En general, excepto éste y algunos otros pocos casos en los que la posición de las palabras puede crear confusión en el sentido, el español es sumamente libre en la forma en que permite ordenar los elementos sintácticos.

Habitualmente, aquellos elementos que se desean destacar se anticipan en el orden de la oración. Con esto se dan ciertos matices diferentes a la frase, pero sin cambiar fundamentalmente el sentido de la misma.

Otras posibles variaciones de esta oración son:

Rápidamente / el obrero / trabajó / en la fábrica /
C.M.   S.   V.   C.L.

con la nueva máquina.
C. Instr.

Rápidamente / el obrero / trabajó / con la nueva máquina, /
C.M.   S.   V.   C. Instr.

en la fábrica.
C.L.

En la fábrica, / el obrero / trabajó / con la nueva máquina /
C.L.   S.   V.   C. Instr.

rápidamente.
C.M.

En la fábrica, / trabajó / el obrero / rápidamente /
C.L.   V.   S.   C.M.

con la nueva máquina.
C. Instr.

En la fábrica, / trabajó / rápidamente / el obrero /
C.L.   V.   C.M.   S.

con la nueva máquina.
C. Instr.

PRÁCTICA   A. Cambie el verbo, de acuerdo con el cambio del sujeto:

En esa época, muchos obreros **trabajaban** en condiciones penosas. (nosotros / yo / ella / vosotros)

B. En la oración siguiente, cambie el tiempo del verbo al pretérito imperfecto *(imperfect)*, pretérito indefinido *(preterite)* y futuro imperfecto *(future)* del modo indicativo:

Tú **manejas** muy bien.

C. Defina, o explique con sus palabras, el significado de los siguientes vocablos: **obrero, automóvil.**

D. Use en una oración las siguientes expresiones o locuciones que aparecen en esta Unidad:

gracias a   thanks to
Nuestra sociedad progresó **gracias a** las máquinas.

por completo   completely
Los obreros se sienten piezas de una maquinaria cuyos movimientos y objetivos escapan **por completo** a su control.

con frecuencia   with frequency, frequently
Con frecuencia se habla del cerebro humano como de una maravillosa computadora.

por otro lado   on the other hand
El estado actual de los trabajos no permite aún saber si las máquinas podrán llegar a ser inteligentes. **Por otro lado,** ¿cabe desearlo?

E. Modifique en todas las formas que pueda las siguientes oraciones, ya sea cambiando el vocabulario con el uso de palabras sinónimas o análogas, o cambiando el orden de los elementos sintácticos:
1. El técnico proyectó detalladamente las partes del aparato.
2. En la sociedad moderna, las maquinarias electrónicas han revolucionado profundamente los sistemas de trabajo y producción.

TEMAS DE COMENTARIO ORAL O ESCRITO

Aclaración previa: *Los temas de comentario que proponemos en ésta y otras Unidades son de índole variada, y pueden relacionarse con la literatura, el arte, las ciencias, la historia, la política, el derecho u otras disciplinas que estudian aspectos de la sociedad. Sabemos que no somos especialistas en estos temas y, por lo tanto, no debemos sentirnos obligados a dar una opinión crítica o erudita. Lo único importante es usarlos como base para hacer comentarios en español. Usted puede elegir algunos de los temas que siguen, desarrollarlos, limitarlos, o desecharlos y encontrar otros.*

Salón de ventas de un negocio de artefactos para el hogar.

Estacionamiento de motocicletas en una calle de Barcelona.

1. Describa los elementos que aparecen en las dos últimas fotografías y haga listas de vocabulario. Comente el tema de las fotografías.

2. Busque en libros o periódicos una fotografía o ilustración relacionada con máquinas o tecnología. Descríbala, organice listas de vocabulario y coméntela.

3. Nombre lugares o actividades donde se usan computadoras.

4. Con frecuencia se habla del cerebro humano como de una maravillosa computadora. Ambos están formados por materia, energía y una compleja organización. ¿Puede desarrollar esta comparación e indicar ventajas y desventajas de cada uno?

5. Comente estos párrafos finales del libro de Jacques Poyen y Jeanne Poyen, *El lenguaje electrónico* (Buenos Aires: Editorial Universitaria de Buenos Aires, 1963):

el ente being

adquirir reflejos to acquire the
  ability to respond spontaneously

sin que quede el menor rastro
  without retaining the least sign

en cuanto a regarding

dotar to give

programática pura basic
  programming

En la actualidad las computadoras no son entes° inteligentes, es decir, son incapaces de recordar, de adquirir reflejos,° etc. Pueden realizar el mismo cálculo cientos de miles de veces sin que quede el menor rastro;° si se omite la introducción del programa, la máquina no puede hacer nada. . . . Está totalmente sometida al pensamiento del hombre y sin él no es nada.

Sin embargo, los trabajos de un sabio famoso, von Neumann, han demostrado que una máquina es, en cuanto a° su estructura, semejante al cerebro humano, que está también compuesto de células de «memorias» elementales. Una de las diferencias es que, en el cerebro humano, las células son infinitamente más numerosas.

Se han iniciado investigaciones para tratar de dotar° a los grandes conjuntos electrónicos de la capacidad de recordar, pero no ha dado aún muchos resultados. Se han realizado tales investigaciones en el plano de la programática pura,° no de la construcción de las máquinas. Esta otra vía pertenece a otro dominio: el de la cibernética.

El estado actual de los trabajos no permite aún saber si las máquinas podrán llegar a ser inteligentes. Por otro lado, ¿cabe desearlo? ¿No es un poco terrorífica esa perspectiva?

La mentira y el engaño

Mentira: Expresión o manifestación contraria a lo que se sabe, cree o piensa.

Diccionario de la Real Academia Española de la Lengua.

Esta definición académica[1] de la mentira, aunque muy general y vaga, puede servirnos como punto de partida para la discusión de este tema. Según ella:

$$\textbf{Mentir} \text{ es } \textbf{decir} \text{ algo contrario a lo que } \begin{cases} \textbf{sabemos.} \\ \textbf{creemos.} \\ \textbf{pensamos.} \end{cases}$$

Por ejemplo:

Juan **miente** si **dice** que en su billetera había cincuenta dólares cuando **sabe** que sólo tenía treinta dólares.

Susana **miente** si para proteger a su hermano acusado de un robo **dice** que él es inocente cuando en realidad **cree** que es culpable.

Alberto **miente** si le **dice** a Rosa que es muy bonita cuando en realidad **piensa** que es fea.

Estos y otros ejemplos nos prueban que puede haber diferentes clases de mentiras, en distintas circunstancias, y de mayor o menor gravedad. También nos enfrentan con la tarea de decidir si en algunos casos es aceptable o aconsejable mentir.

Seguidamente daremos listas de vocabulario pertinentes a este tema. Luego pasaremos a discutir distintos tipos de mentiras y engaños.

NÚCLEOS DE VOCABULARIO

PALABRAS ANÁLOGAS O SINÓNIMAS

la mentira	*lie*
el engaño	deception
el disimulo	pretense
la falsedad	falsehood, lie
la mistificación	mystification
la falacia	deceit, fallacy

---

[1] **Real Academia Española de la Lengua:** Fundada en Madrid en 1713, durante el reinado de Felipe V, la misión de esta academia es la de velar por el buen uso del idioma castellano. Publica periódicamente un *Diccionario de la Lengua Española*, que es normativo en todos los países de habla hispánica.

la patraña	fake
el embuste	fib, lie
el infundio	fib, story
el perjurio	perjury
la trampa	*cheat, fraud, trap*
el fraude	fraud
la treta	trick
la estafa	swindle
la superchería	fraud
el enredo	falsehood, snare
mentiroso	*lying*
embustero	lying, insincere
falso	false
engañoso	deceitful
mistificador	mystifying
fullero	*dishonest, cheating*
tramposo	tricky, swindling
embaucador	deceptive
estafador	cheating, swindling

PALABRAS AFINES

el chisme	gossip
el rumor	rumor
la calumnia	slander
la farsa	sham
la habladuría	gossip, impertinent speech

gossip – el que dirán

el charlatán	quack, charlatan
el fanfarrón	braggart, boaster
el impostor	impostor
la mentira oficiosa	white lie
la hipocresía	hypocrisy
la copia	copy
el plagio	plagiarism
la falsa promesa	false promise
la retórica	rhetoric
la persuasión	persuasion
la adulación	adulation, flattery

ALGUNOS VERBOS RELACIONADOS CON EL TEMA

mentir   to lie
El pobre hombre **mintió** para salvarse.

engañar   to deceive, to cheat
Ellos me **engañaron** con sus falsas promesas.

fingir   to feign
Cada vez que tenía que trabajar, **fingía** estar enfermo.

aparentar   to feign, to pretend
Aparentaban ser ricos para conseguir crédito.

falsear   to falsify
Falseó muchos párrafos de su testimonio.

tiranizar   to tyrannize
Ese líder **tiranizó** a su pueblo.

oprimir   to oppress
El déspota **oprimía** a los humildes.

ocultar   to hide, to conceal
Ocultar la verdad es una forma de mentir.

embaucar   to deceive
El charlatán **embaucó** al público.

disimular   to disguise, to conceal
El jugador tramposo **disimulaba** sus tretas.

perjurar   to commit perjury
Perjuraste ante el tribunal.

trampear   to swindle, to cheat, to deceive
Ese joven **trampeaba** hasta a sus amigos.

estafar   to defraud, to swindle
Estafó a la compañía en donde trabajaba.

persuadir   to persuade
Un buen orador **persuade** fácilmente a su auditorio.

charlar   to chat, to prattle
La mujer **charlaba** con todos sus vecinos.

calumniar   to slander
Calumniaste a un inocente.

FRASES POLÉMICAS

the ends justify the means.

—No se pueden ni deben llamar engaños —dijo don Quijote— los que ponen la mira en virtuosos fines.

Don Quijote de la Mancha,
Miguel de Cervantes Saavedra.[2]

Sólo las mujeres y los médicos saben cuán necesaria y bienhechora es la mentira. *only wives + doctors know when it is necessary to lie*   Anatole France[3]

Comentario

Las dos frases anteriores justifican o alaban la mentira y el engaño en circunstancias especiales.

Don Quijote[4] se refiere a la treta de que se sirvió Basilio, un joven enamorado, para casarse con su amada Quiteria, quien estaba a punto de unirse en matrimonio con Camacho. Según el caballero andante, la unión de los enamorados es el fin más excelente; y no importa recurrir a un engaño para conseguirlo.

La sentencia de Anatole France alude a la conveniencia de la mentira en los casos en que la verdad es demasiado dura, como cuando se le dice a un enfermo que está muy grave o tiene una dolencia incurable. A estas últimas se las llama mentiras oficiosas o piadosas las que, según el diccionario, se dicen con buena intención, con el fin de servir o agradar a alguien. Casi todos hemos usado alguna vez este tipo de mentiras, especialmente en las relaciones sociales.

A continuación damos una lista de situaciones con la doble opción de decir la verdad o mentir. Elija la que usted usaría o dé otras variantes, y justifique sus razones:

Situación	*Verdad*	*Mentira*
Un conocido lo llama para invitarlo a una fiesta en su casa. Por experiencias anteriores sabe que va a ser una reunión aburrida, con un grupo de gente que no le agrada.	Le dice que no va a ir porque no le interesa la reunión, ni los invitados.	Le dice que lo lamenta, pero que se había comprometido antes a asistir a otra fiesta el mismo día y a la misma hora.

---

[2] **Miquel de Cervantes Saavedra** (1547–1616): Escritor español, autor de poemas, obras de teatro y narrativa. Entre estas últimas deben mencionarse las *Novelas ejemplares, Los trabajos de Persiles y Segismunda* y, sobre todo, las dos partes de *El ingenioso hidalgo don Quijote de la Mancha,* un clásico de la literatura universal.

[3] **Anatole France** (1884–1924). Escritor francés, ganador del Premio Nobel de Literatura en 1921.

[4] En el Capítulo XXII, de la Segunda parte de *Don Quijote de la Mancha.*

Situación	*Verdad*	*Mentira*
Va a visitar a un amigo que está en el hospital, enfermo de gravedad.	Le dice que lo nota mal, y que está preocupado por su salud.	Le dice que se lo ve muy bien, y que está seguro de que pronto saldrá del hospital.
Una amiga le muestra un vestido que acaba de comprarse y le pide su opinión. A usted no le gusta el vestido.	Le dice que el vestido es feo y que no le sienta bien a ella.	Le dice que el vestido es bonito y que le sienta muy bien.

La mentira en política

Una de las críticas más frecuentes y más justas que se hace a muchos gobernantes es que, una vez que llegan al poder, olvidan las promesas que habían hecho durante la campaña electoral.

Si leemos a Maquiavelo,[5] veremos que el famoso escritor dedica el capítulo XVIII de su obra *El Príncipe*[6] (1513) a discutir este tema. Seguidamente transcribimos dos párrafos importantes de ese texto:

digno de alabanzas praiseworthy

la astucia cunning

> ¡Cuán digno de alabanzas° es un Príncipe cuando él mantiene la fe que ha jurado, cuando vive de un modo íntegro y no usa de astucia° en su conducta! Todos comprenden esta verdad; sin embargo, la experiencia de nuestros días nos muestra que haciendo varios príncipes poco caso de la buena fe, y sabiendo con la astucia volver a su voluntad el espíritu de los hombres, obraron grandes cosas y acabaron triunfando de los que tenían por base de su conducta la lealtad.
>
> Cuando un Príncipe dotado de Prudencia, ve que su fidelidad en las promesas se convierte en perjuicio suyo y que las ocasiones que le determinaron a hacerlas no existen ya, no puede y aun no debe guardarlas, a no ser que él consienta en perderse.

Comentario

Este tipo de reflexiones es característico de Maquiavelo y muestra muy bien su método de una ciencia política basada en los hechos y no en ideales éticos.

---

[5] **Nicolás Maquiavelo** (1469–1527): Escritor. historiador y estadista florentino. Considerado como el iniciador de la Ciencia Política porque separó esta disciplina de la Ética y estableció un método empírico en los estudios de la misma.

[6] Los fragmentos de esta obra los tomamos de: Nicolás Maquiavelo, *El Príncipe*, Séptima edición (Buenos Aires: Espasa Calpe Argentina S.A., 1949).

Primero determina que ser honesto y mantener las promesas es digno de alabanzas. Pero enseguida advierte que la experiencia prueba que cuando un gobernante observa que el ser fiel a la fe dada va a perjudicarlo, si es prudente y quiere mantenerse en el poder, debe olvidar sus promesas.

EJERCICIO   Comente y discuta las palabras y teoría de Maquiavelo. Puede organizar su comentario sobre el siguiente esquema:

1. El político o gobernante debe cumplir sus promesas.
   Sí, porque. . .   No, porque. . .   *debe tratar*

2. El político que no cumple sus promesas procede mal.
   Sí, porque. . .   No, porque. . .

3. La política debe apoyarse en la experiencia, y no subordinarse a la ética.
   Sí, porque. . .   No, porque. . .

La mentira y el engaño en el mundo académico

Estudiantes en la Universidad de Valencia, España.

Comentario

La fotografía muestra a tres estudiantes escribiendo un trabajo. Si suponemos que se trata de un examen, parece que la muchacha del centro está tratando de copiar lo que anota su compañera. Esta es una forma de engaño que algunos estudiantes practican a veces. Lo mismo, cuando llevan anotadas en algún lugar las respuestas a las preguntas de un examen y las copian en el momento necesario.

Otra clase de mentira o fraude que a veces ocurre en la vida académica es el plagio o sea copiar obras ajenas y presentarlas como propias.

PREGUNTAS PARA LA DISCUSIÓN

1. ¿Cuál es su opinión acerca de estas formas de engaño: la copia y el plagio?
2. Comente esta afirmación: El estudiante que copia el examen de otro, o cualquier texto ajeno, y los presenta como propios, más que engañar al profesor se engaña a sí mismo.

La mentira en el juego

Un jugador fullero es el que hace trampa. Por ejemplo, hace trampa cuando en el juego de cartas esconde alguna para incorporarla a la partida cuando le resulte conveniente. También cuando prepara el mecanismo de una ruleta para que al manejarla pueda hacer caer la bolita en el número más favorable a sus intereses.

Sin embargo, en algunos juegos como el póquer se supone que el buen jugador muchas veces debe fingir que tiene mejores cartas que las que realmente le tocaron, para así subir las apuestas, y atemorizar a sus contrincantes.

EJERCICIO

Mencione posibles trampas o fraudes en distintos juegos. Por ejemplo, qué fraude puede cometerse en las carreras de caballos.

La mentira en los tribunales

Generalmente se acepta que la mentira puede ser más o menos grave según la ocasión y circunstancias en que aparece. Una de las situaciones más serias es cuando un testigo en un juicio criminal miente mientras está bajo juramento. A este acto, lo mismo que a cualquier otra violación de un juramento, se lo llama *perjurio*.

DISCUSIÓN

Indique cómo juzgaría a las siguientes personas, si a favor o en contra, y dé las razones de su decisión:

1. Pedro es el testigo principal en el juicio criminal que se sigue contra Luis, su mejor amigo, y del cual puede resultar una sentencia de muerte para éste. Aunque Pedro sabe que Luis ha cometido el crimen del que se lo acusa, también conoce circunstancias emocionales que desde su punto de vista atenúan o explican la falta. Cuando ve que éstas no van a llegar a ser consideradas por el jurado, decide mentir en su testimonio para salvar a su amigo.

2. Ernesto ha tenido muchos gastos ese año con la enfermedad de su mujer y pérdidas en su pequeño negocio de venta de comestibles. Cuando prepara su declaración de impuestos, decide exagerar los gastos para tener que pagar menos impuestos. Así podrá usar ese dinero para pagar sus deudas.

La mentira como tema de obras literarias

En muchas obras literarias la mentira y el engaño aparecen como elementos importantes de la trama. En algunas, como las que mencionaremos a continuación, son el centro de la historia.

Primero transcribiremos algunos versos de *La verdad sospechosa* de Juan Ruiz de Alarcón.[7] En esta comedia, el autor muestra cómo el joven Don García va enredándose cada vez más en sus mentiras hasta que finalmente éstas le impedirán casarse con su amada Jacinta. Los versos que siguen advierten acerca del peligro que corre aquél que miente siempre:

la burla jest
las veras truth

> De aquí, si lo consideras,
> conocerás claramente
> que quien en las burlas° miente,
> pierde el crédito en las veras.°
>
> Acto Segundo, Escena XVI

torpe mengua rude disgrace

> Que la boca mentirosa
> incurre en tan torpe mengua,°
> que, solamente en su lengua,
> es *la verdad sospechosa.*
>
> Acto Tercero, Escena VI

En esta obra, como en la mayoría de las de Alarcón, hay una intención moral. Pero esto no impide que el personaje del mentiroso esté pintado con gracia y atractivos incomparables.

Finalmente, damos la fábula «El zagal y las ovejas» de Félix María Samaniego:[8]

el zagal young shepherd / **la oveja** sheep
apacentar to graze
el collado height

EL ZAGAL° Y LAS OVEJAS°

> Apacentando° un joven su ganado,
> gritó desde la cima de un collado°
> «¡Favor; que viene el lobo, labradores!»
> Estos, abandonando sus labores,

---

[7] **Juan Ruiz de Alarcón** (1580–1639): Nacido en México, escribió y publicó sus obras en España. Sobresale como creador de la comedia de índole moral, con un análisis sutil del carácter de los personajes. Otras obras importantes además de *La verdad sospechosa* son *El tejedor de Segovia, La prueba de las promesas* y *Las paredes oyen.*

[8] **Félix María Samaniego** (1745–1801): Escritor español, autor de *Fábulas* donde versifica apólogos tradicionales, muchos de ellos tomados de Fedro y La Fontaine.

acudir to come to the rescue
la chanza joke

la fiera wild beast

desgañitarse to shriek, to scream

por más que however much

escarmentado cautious because of
   past experiences
la manada flock

acuden° prontamente
y hallan que es una chanza° solamente.
Vuelve a llamar, y temen la desgracia.
Segunda vez los burla. ¡Linda gracia!
Pero ¿qué sucedió la vez tercera?
Que vino en realidad la hambrienta fiera.°
Entonces el zagal se desgañita,°
y por más que° patea, llora y grita,
no se mueve la gente escarmentada,°
y el lobo le devora la manada.°

¡Cuántas veces resulta de un engaño
contra el engañador el mayor daño!

Como vemos, esta fábula trata el tema popular del pastor mentiroso que va a sufrir las fatales consecuencias de sus engaños.

VARIACIONES DE EXPRESIÓN

VARIACIONES LÉXICAS Y ORACIONALES

Sobre la base de una oración simple practiquemos primero variaciones de vocabulario:

1. **Día tras día,** el fullero engañó a la gente del pueblo con una serie de mentiras.
   Durante semanas,
   Por mucho tiempo,

2. Día tras día, **el estafador** engañó a la gente del pueblo con una serie de mentiras.
   el tramposo ~ trickster
   el embaucador

3. Día tras día, el fullero **embaucó** a la gente del pueblo con una serie de mentiras.
   estafó
   trampeó

4. Día tras día, el fullero engañó a **los pobladores de la aldea** con una serie de mentiras.
   los habitantes del lugar
   los ciudadanos de ese país

5. Día tras día, el fullero engañó a la gente del pueblo con una serie de **falsedades.**
   patrañas.
   embustes.
   trampas.
   tretas.
   enredos.

Ahora, alteremos el orden de los elementos sintácticos. (Para estas variaciones pueden repasarse las explicaciones más detalladas que aparecen en la Unidad I).

En la primera oración tenemos:

Día tras día / el fullero / engañó / a la gente del pueblo /
Complemento   Sujeto   Verbo   Objeto Directo
de tiempo.

con una serie de mentiras.
Complemento de instrumento

El fullero / engañó / a la gente del pueblo / con una serie de mentiras /
S.   V.   O.D.   C.Instr.

día tras día.
C.T.

Con una serie de mentiras / el fullero / engañó / a la gente del pueblo /
C.Instr.   S.   V.   O.D.

día tras día.
C.T.

Con una serie de mentiras / engañó / el fullero / a la gente del pueblo /
C.Instr.   V.   S.   O.D.

día tras día.
C.T.

El fullero / engañó / día tras día / a la gente del pueblo /
S.   V.   C.T.   O.D.

con una serie de mentiras.
C.Instr.

A la gente del pueblo / engañó / el fullero / día tras día /
O.D.   V.   S.   C.T.

con una serie de mentiras.
C.Instr.

PRÁCTICA

A. Cambie el verbo, de acuerdo con el cambio del sujeto:

La mujer **charlaba** con todos los vecinos.
(Mis amigos / Yo / Mis amigos y yo / Tú)

B. En la oración siguiente, cambie el tiempo del verbo al presente *(present)*, pretérito pluscuamperfecto *(pluperfect)* y pretérito perfecto *(present perfect)* del modo indicativo:

Ellos me **engañaron** con sus falsas promesas.

C. Defina, o explique con sus palabras, el significado de los siguientes vocablos: **calumnia, chisme.**

D. Use en una oración las siguientes expresiones o locuciones que aparecen en esta Unidad:

de gravedad   seriously
Ella visitó a un amigo que estaba en el hospital, enfermo **de gravedad.**

a continuación   immediately
A continuación damos una lista de situaciones con la doble opción de decir la verdad o mentir.

o sea   that is
Una clase de mentira o fraude es el plagio, **o sea** copiar obras ajenas y presentarlas como propias.

a favor   in favor
Indique como juzgaría a las siguientes personas, si **a favor** o en contra.

E. Modifique en todas las formas que pueda las siguientes oraciones, ya sea cambiando el vocabulario con el uso de palabras sinónimas o análogas, o cambiando el orden de los elementos sintácticos:

1. Durante la campaña electoral, el candidato usó algunas afirmaciones falsas para persuadir a los ciudadanos.

2. En ese momento decidió recurrir a una mentira para dar esperanzas a la pobre niña enferma en el hospital.

COMPOSICIÓN DIRIGIDA

Tema: Descripción de una escena en una fotografía.

Primera tarea: Observar detenidamente la fotografía.

Preguntas:

1. ¿Cuántos personajes aparecen?
   Respuesta: En la fotografía aparecen cinco personajes.

2. Identifíquelos, en general.
   Respuesta: Son jóvenes, chicas y muchachos.

3. ¿Dónde están?
   Respuesta: Están en una sala o salón.

4. Describa el lugar de la escena.
   Respuesta: Parece que están en un extremo de un salón grande. Al fondo se ve una pared adornada con una pintura mural. Los jóvenes están sentados a una mesa sobre la que se ven papeles, cigarrillos, vasos y fichas del juego de dominó.

5. ¿Qué hacen?
   Respuesta: Cuatro juegan al dominó, y el quinto está observando el juego.

6. Busque en el diccionario la explicación del dominó.
   Respuesta: «Juego que se hace con 28 fichas rectangulares, generalmente blancas por la cara y negras por el envés, con aquella dividida en dos cuadrados, cada uno de los cuales lleva marcados de uno a seis puntos, o no lleva ninguno. Cada jugador pone por turno una ficha de número igual en uno de los cuadrados al de cualquiera de los dos que están en los extremos de la línea de las ya jugadas, o pasa si no la tiene, y gana el que primero coloca todas las suyas o el que se queda con menos puntos, si se cierra el juego.» (*Diccionario de la Real Academia Española de la Lengua*)

Ahora, usando las respuestas, podemos organizar la composición:

En esta fotografía aparecen cinco personajes. Es un grupo de jóvenes, chicas y muchachos, posiblemente estudiantes. Están en un extremo de un salón grande. Al fondo, se ve una pared adornada con una pintura mural.

Los jóvenes están sentados a una mesa sobre la que se ven papeles, cigarrillos, vasos, y fichas del juego de dominó. Cuatro de ellos juegan al dominó, y el quinto está observando lo que hacen sus compañeros.

El dominó se juega con 28 fichas rectangulares que tienen la cara dividida en dos cuadrados, cada uno de los cuales lleva marcados de uno a seis puntos, o no lleva ninguno. Cada jugador pone por turno una ficha de número igual en uno de los cuadrados al de cualquiera de los dos que están en los extremos de la línea de las ya jugadas, o pasa si no la tiene.

Por lo que vemos en la fotografía no podemos saber quién ganará, pero confiamos en que ninguno de los jugadores hará trampa.

TEMAS DE COMENTARIO ORAL O ESCRITO

1. ¿Debe el médico decir siempre la verdad a sus pacientes?

2. ¿Cree que la mentira oficiosa cumple una función necesaria en la vida social?

3. ¿Considera que mentir es siempre una falta grave?

4. Comente algún episodio de la vida política en los Estados Unidos o en otros países donde la mentira y el engaño hayan jugado un papel importante en la suerte de los gobernantes.

5. ¿Cuál es su opinión acerca del episodio en la academia militar de West Point en el que varios estudiantes hicieron trampa o fraude en sus exámenes?

6. Comente la fábula de Samaniego, «El zagal y las ovejas». Mencione obras literarias, en español o en otras lenguas, en las cuales la mentira y el engaño cumplan un papel importante.

Guerras y soldados

Identifique en la fotografía los siguientes elementos:

el soldado	los bolsillos	las cejas—*eyebrows*
el uniforme	los botones	la nariz
el fusil	la cafetera	la boca
la bayoneta	la sartén	la oreja
el casco—*helmet*	el rallador	la mano
las botas	el batidor	el dedo
la cartuchera—*cartridge* la maquinilla de afeitar		el bigote
la mochila—*knapsack* la cara		los ojos
la cantimplora		

moustache

PREGUNTAS   Conteste las siguientes preguntas sobre la fotografía:

1. ¿Quién es el personaje?

2. ¿Qué hace?

3. ¿Dónde está?

4. ¿Cómo está?

Explicación

La fotografía anterior corresponde a una escena de *Armas al hombro (Shoulder Arms),* filme de Chaplin[1] de 1918.

En esta película Carlitos es un soldado que sufre injusticias, abusos, y todos los trabajos y miserias de la vida en medio de la lucha armada.

Con gracia y humor incomparables se suceden distintos episodios que muestran un profundo sentimiento humanitario y que hacen de esta obra una magnífica declaración antibélica.

NÚCLEOS DE VOCABULARIO

PALABRAS ANÁLOGAS O SINÓNIMAS

la guerra	*war*
el conflicto	conflict
el combate	combat
la lucha	fight
la pelea	fight
la batalla	battle
el regimiento	*regiment*
el batallón	battalion
la compañía	company
la sección	section
el escuadrón	squadron
el pelotón	platoon
la unidad	unit
la tropa	troops
el cuerpo	corps
el soldado	*soldier*
el guerrero	warrior
el combatiente	combatant
el guerrillero	guerrilla
el militar	military man
el miliciano	militia man

PALABRAS AFINES

la victoria	victory
la derrota	defeat
el ataque	attack
la retirada	retreat
la vanguardia	vanguard

---

[1] **Chaplin:** Ver Nota 3 en la Unidad *Maquinismo y tecnología.*

la sublevación	revolt
la ofensiva	offensive
la conquista	conquest
el ejército	army
la milicia	militia
las fuerzas armadas	armed forces
la infantería	infantry
la artillería	artillery
la fuerza aérea	air force
la armada	navy
el general	general
el coronel	colonel
el mayor	mayor
el capitán	captain
el teniente	first lieutenant
el sargento	sergeant

ALGUNOS VERBOS RELACIONADOS CON EL TEMA

pelear   to fight
Él **peleó** contra la injusticia.

luchar   to fight, to struggle
Niños y ancianos **luchaban** contra el invasor.

combatir   to engage in combat
Tú **combatiste** con furia.

batallar   to battle
Los ejércitos rivales **batallaron** toda la noche.

atacar   to attack
Un escuadrón **atacó** a los rebeldes.

defender   to defend
La milicia defendía el puente.

vencer   to win
El guerrero **venció** a su enemigo.

derrotar   to defeat
En la guerra de Secesión, Grant **derrotó** a Lee.

sitiar   to besiege
Decidieron **sitiar** la ciudad.

reclutar   to recruit
La fuerza aérea **reclutó** a muchos jóvenes entusiastas.

alistarse   to enlist
Los tres hermanos **se alistaron** inmediatamente.

rendirse   to surrender
El batallón entero **se rindió**.

desertar   to desert
En ese regimiento, varios enfermos pronto **desertaron.**

acampar   to encamp
La compañía **acampó** cerca del río.

acuartelar   to quarter
El general ordenó **acuartelar** las tropas en la aldea.

Goya,[2] *El 3 de mayo de 1808.* Museo del Prado, Madrid.

Explicación

En 1808 era rey de España Carlos IV, monarca débil e incompetente. Su hijo, Fernando, se oponía a la política del rey y de su ministro Manuel Godoy, y en marzo de este año encabezó una sublevación que lo puso en el trono con el nombre de Fernando VII.

---

[2] **Francisco de Goya y Lucientes** (1746–1828): Famoso pintor y grabador español. Sus obras más importantes en los grabados son las series de los *Caprichos, Los desastres de la guerra* y los *Disparates.* Entre los cuadros al óleo se destacan *El quitasol, La maja desnuda,* varios *Autorretratos* y *La lechera de Burdeos.*

Estas luchas en la familia real española fueron aprovechadas por Napoleón[3] quien tomó prisioneros a padre e hijo, mientras sus ejércitos invadían España.

El 2 de mayo de 1808 la población de Madrid se rebeló y atacó a los soldados franceses. Pero éstos sofocaron la revuelta, y al día siguiente —el 3 de mayo— muchos madrileños murieron frente a los pelotones de fusilamiento.

PREGUNTAS   Conteste las siguientes preguntas sobre el cuadro:

1. ¿Cuántos personajes aparecen, aproximadamente?
2. ¿Quiénes son?
3. ¿Qué hacen?
4. Indique en qué grupos se divide la escena.
5. ¿Cuál es el centro del cuadro?
6. Elija un personaje, y descríbalo.
7. ¿Hay en esta obra alguna idea o mensaje que el pintor quiere transmitir?

Para completar este tema podemos leer un fragmento del capítulo XXXII de *El 19 de marzo y el 2 de mayo,* uno de los *Episodios nacionales* en el que el autor, Benito Pérez Galdós[4], describe la misma escena que Goya pintó:

atar to tie / **codo con codo** by the elbows
ponerse de rodillas to get to one's knees, to kneel / **de espalda** backwards / **de frente** facing
el verdugo tormentor, executioner
la sacudida lurch / **abalanzarse** to charge, to rush impetuously
el granadero soldier

hacer fuego to fire, to shoot
el charco puddle

padecer to suffer
herido wounded
desangrar to bleed excessively
después de pasar after passing

Vi que ataban° a las víctimas codo con codo,° obligándolas a ponerse de rodillas,° unos de espalda,° otros de frente.° Los más agitaban los brazos al mismo tiempo que lanzaban imprecaciones y retos a los verdugos;° algunos escondían con horror la cara en el pecho del vecino; otros lloraban; otros pedían la muerte, y vi uno que, rompiendo con fuertes sacudidas° las ligaduras, se abalanzó° hacia los granaderos.° Ninguna fórmula de juicio, ni tampoco preparación espiritual, precedían a esta abominación: los granaderos hacían fuego° una o dos veces, y los sacrificados se revolvían en charcos° de sangre con espantosa agonía.

Algunos acababan en el acto; pero los más padecían° largo martirio antes de expirar. Hubo muchos que, heridos° por las balas en las extremidades y desangrados,° sobrevivieron, después de pasar° por muertos, hasta la mañana del día siguiente.

---

[3] **Napoleón Bonaparte** (1769–1821): Emperador de Francia, nacido en la isla de Córcega. Considerado como uno de los más grandes capitanes de todos los tiempos. Algunos de sus actos de gobierno fueron positivos, pero su ambición de poder y su militarismo sumieron a Europa en guerras prolongadas y devastadoras.

[4] **Benito Pérez Galdós** (1843–1920): Figura muy importante de la novelística española del siglo XIX. Autor de los *Episodios nacionales,* extensa serie de novelas históricas que ofrecen una imagen completa de casi un siglo de vida española. Además, deben mencionarse otras muchas novelas suyas como *Marianela, Fortunata y Jacinta, Ángel Guerra, El amigo Manso.* Escribió también obras de teatro como *El abuelo* y *La loca de la casa.*

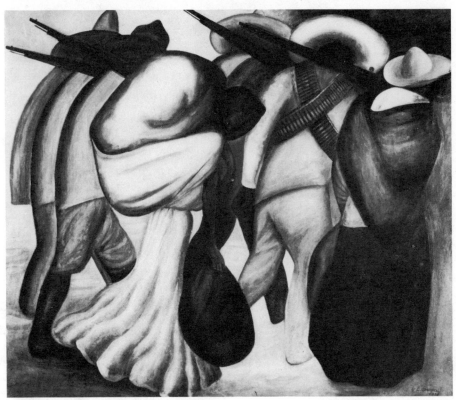

José Clemente Orozco,[5] *Las soldaderas.*
Museo de Arte Moderno, Chapultepee, México.

Explicación

El título de este cuadro de Orozco,[5] *Las soldaderas,* se refiere a las mujeres que acompañaban a los soldados en las marchas y campañas.

Escenas como ésta fueron muy frecuentes durante los años de la Revolución mexicana que comenzó en 1910. Entre los fines principales de la Revolución figuraban la defensa del campesino y del indio, la reforma agraria, la nacionalización de las riquezas del país y, en general, el propósito de establecer un sistema social más justo.

La Revolución mexicana fue una lucha larga y sangrienta de la que nadie quedó excluido. A su término, si bien no se había conseguido cumplir todo el ideario, era claro que la vida entera del país había cambiado.

PREGUNTAS   Conteste las siguientes preguntas sobre el cuadro:

1. ¿Cuántos personajes aparecen?

2. ¿Quiénes son estos personajes?

---

[5] **José Clemente Orozco** (1883–1949): Principal representante, junto con Diego Rivera y David Alfaro Siqueiros, de la importante escuela muralista de México. Todos estos pintores se inspiraron en temas históricos y problemas sociales de la vida mexicana, e ilustraron los momentos e ideales de la Revolución de 1910. En la mayoría de las obras de Orozco se muestran las consecuencias dolorosas de las luchas, la violencia y la injusticia social.

3. ¿Qué hacen?

4. ¿Hay algún aspecto notable en la forma en que están pintados?

5. ¿Puede separar a los personajes en dos grupos e indicar qué elementos los identifican?

FRASES POLÉMICAS

Discuta a favor o en contra las siguientes frases:

Los ejércitos y las guerras son productos de la agresividad masculina. Si las mujeres y no los hombres dominaran y dirigieran la sociedad, no habría guerras ni ejércitos.

Un príncipe no debe tener otro objeto, otro pensamiento, ni cultivar otro arte más que la guerra, el orden y disciplina de los ejércitos, porque es el único que se espera ver ejercido por el que manda.

El Príncipe, Nicolás Maquiavelo[6]

Lo asombroso de esta empresa infernal (la guerra), es que cada jefe de asesinos hace bendecir sus banderas e invoca solemnemente a Dios antes de ir a exterminar a su prójimo.

«La guerra,» *Diccionario filosófico*, Voltaire[7]

Queremos glorificar la guerra, única higiene del mundo.

Fundación y manifiesto del Futurismo, F. T. Marinetti[8]

VARIACIONES DE EXPRESIÓN

VARIACIONES LÉXICAS Y ORACIONALES

Sobre la base de una oración simple practiquemos primero variaciones de vocabulario:

1. **Un soldado**	**de ese regimiento luchó**	**hasta el final de la guerra.**	
2. Un guerrero	de ese batallón	peleó	hasta el final del combate.
3. Un combatiente	de ese escuadrón	batalló	hasta el final del conflicto.
4. Un miliciano	de esa compañía	combatió	hasta el final de la lucha

---

[6] **Maquiavelo:** Ver Nota 5 en la Unidad *La mentira y el engaño*.

[7] **Voltaire** (1694–1778): Poeta, dramaturgo, historiador y filósofo francés. Su figura representa las características del siglo XVIII en la exaltación de la razón, la libertad de pensamiento y la fe en el progreso.

[8] **Marinetti:** Ver Nota 2 en la Unidad *Maquinismo y tecnología*.

Cambiando un solo vocablo, el número de posibles variaciones es enorme. Por ejemplo:

1. Un **soldado** de ese **batallón** luchó hasta el final de la guerra.

    de ese **escuadrón**

    de esa **compañía**

2. Un soldado de ese regimiento **batalló** hasta el final de la guerra.

    peleó

    combatió

3. Un soldado de ese regimiento luchó hasta el final del **combate.**

    del **conflicto.**

    de la **pelea.**

4. Un **guerrero** de ese **regimiento** luchó hasta el final de la guerra.

    de ese **batallón**

    de ese **escuadrón**

    de esa **compañía**

5. Un guerrero de ese regimiento **peleó** hasta el final de la guerra.

    batalló

    combatió

6. Un guerrero de ese regimiento luchó hasta el final del **combate.**

    del **conflicto.**

    de la **batalla.**

7. Un **combatiente** de ese **regimiento** luchó hasta el final de la guerra.

    de ese **batallón**

    de ese **escuadrón**

    de esa **compañía**

8. Un combatiente de ese regimiento **peleó** hasta el final de la guerra.

    batalló

    combatió

9. Un combatiente de ese regimiento **luchó** hasta el final del **conflicto.**

    peleó　　　　　de la **lucha.**

    de la **batalla.**

10. Un **miliciano** de ese **regimiento** luchó hasta el final de la guerra.

    de ese **batallón**

    de ese **escuadrón**

    de esa **compañía**

11. Un miliciano de ese regimiento **batalló** hasta el final de la guerra.

 peleó

 combatió

12. Un miliciano de ese regimiento **luchó** hasta el final del **combate**.

 peleó de la **lucha**.

 del **conflicto**.

Y así podríamos continuar combinando vocablos sinónimos o análogos.

Como en los ejercicios de las primeras Unidades, cambiemos ahora el orden de los elementos sintácticos. En los ejemplos anteriores el orden era sujeto, verbo, complementos (S./ V./ C.):

Un soldado de ese regimiento / luchó / hasta el final de la guerra.
Sujeto   Verbo   Complemento de tiempo

Un guerrero de ese batallón / peleó / hasta el final del combate.
Sujeto   Verbo   Complemento de tiempo

Un combatiente de ese escuadrón / batalló / hasta el final del conflicto.
Sujeto   Verbo   Complemento de tiempo

Un miliciano de esa compañía / combatió / hasta el final de la lucha.
Sujeto   Verbo   Complemento de tiempo

Si se quiere destacar el tiempo de la acción, se anticipa el complemento correspondiente, según el orden: complemento, verbo, sujeto:

Hasta el final de la guerra / luchó / un soldado de ese regimiento.
C.T.   V.   S.

Hasta el final del combate / peleó / un guerrero de ese batallón.
C.T.   V.   S.

Hasta el final del conflicto / batalló / un combatiente de ese escuadrón.
C.T.   V.   S.

Hasta el final de la lucha / combatió / un miliciano de esa compañía.
C.T.   V.   S.

Si deseamos enfatizar la acción, iniciamos la oración con el verbo, según el orden: verbo, complemento, sujeto:

Luchó / hasta el final de la guerra / un soldado de ese regimiento.
V.   C.T.   S.

Peleó / hasta el final del combate / un guerrero de ese batallón.
V.   C.T.   S.

Batalló / hasta el final del conflicto / un combatiente de ese escuadrón.
V.   C.T.   S.

Combatió / hasta el final de la lucha / un miliciano de esa compañía.
V.   C.T.   S.

Podemos dar otro ejemplo y ejercitar posibles variaciones:

El presidente Wilson / inició / una campaña pacifista /
 Sujeto   Verbo   Objeto Directo

en Europa y América / después de la Primera Guerra mundial.
Complemento de lugar   Complemento de tiempo

Después de la Primera Guerra mundial, / el presidente Wilson /
     C.T.   S.

inició / una campaña pacifista / en Europa y América.
V.   O.D.   C.L.

Después de la Primera Guerra mundial, / inició / el presidente Wilson /
     C.T.   V.   S.

una campaña pacifista / en Europa y América.
  O.D.   C.L.

En Europa y América / el presidente Wilson / inició /
 C.L.   S.   V.

una campaña pacifista / después de la Primera Guerra mundial.
 O.D.   C.T.

Una campaña pacifista / inició / el presidente Wilson /
 O.D.   V.   S.

en Europa y América / después de la Primera Guerra mundial.
 C.L.   C.T.

Las dos primeras construcciones son las más comunes, pero todas son correctas. Las diferencias son sólo de matices en la mayor o menor relevancia que se da a ciertos elementos dentro de las oraciones. A veces, también pueden influir razones de armonía de sonidos y palabras en la frase.

PRÁCTICA

A. Cambie el verbo, de acuerdo con el cambio del sujeto:

 Él **peleó** contra la injusticia.
 (Las mujeres / Tú / Tú y tus amigos / Nosotros)

B. En la oración siguiente, cambie el tiempo del verbo al futuro imperfecto (*future*), pretérito perfecto (*present perfect*), y pretérito pluscuamperfecto (*pluperfect*) del modo indicativo:

  El guerrero **venció** a su enemigo.

C. Defina, o explique con sus palabras, el significado de los siguientes vocablos: **guerra civil, paz.**

D. Use en una oración las siguientes expresiones o locuciones que aparecen en esta Unidad:

en medio   in the midst of, in the middle
Carlitos sufre los trabajos y miserias de la vida **en medio de** la lucha
armada.

en el acto   at once
Algunos acababan **en el acto.**

si bien   although
Al término de la Revolución mexicana, **si bien** no se había
conseguido cumplir todo el ideario, era claro que la vida entera del
país había cambiado.

de frente   facing
Obligaban a las víctimas a ponerse de rodillas, unos de espalda, otros
de frente.

E. Modifique en todas las formas que pueda las siguientes oraciones, ya
sea cambiando el vocabulario con el uso de palabras sinónimas o
análogas, o cambiando el orden de los elementos sintácticos:
1. Millares de soldados murieron en España durante la Guerra Civil.
2. En todas las épocas, los pueblos luchan por su libertad.

TEMAS DE COMENTARIO ORAL O ESCRITO

1. Busque alguna pintura que tenga un tema bélico. Descríbala y
comente el episodio que muestra. (En la pintura española le
sugerimos *Las lanzas o la rendición de Breda* de Velázquez, algunos
de los grabados de *Los desastres de la guerra* de Goya o *Guernica* de
Picasso).

2. Busque alguna fotografía que tenga un tema bélico. Descríbala y
comente el episodio que muestra.

3. Mencione y comente algún poema, novela o relato que tenga como
tema central o secundario la guerra.

4. La siguiente es una lista de las guerras en las que participaron los
Estados Unidos de América. Dé su opinión de cada una de ellas, o
elija alguna en especial:

guerra de Independencia	Primera Guerra mundial
guerra de 1812	Segunda Guerra mundial
guerra de Secesión	guerra de Corea
guerra hispano-norteamericana	guerra de Vietnam

5. Discuta a favor o en contra los siguientes temas:

Servicio militar obligatorio
Producción y venta de armas
Vocación por la carrera militar

La era espacial

Pirámide en Tikal, Guatemala.

Catedral de Burgos, Burgos, España.

Iglesia de la Sagrada Familia, Barcelona.

Cohete espacial, Estados Unidos.

Explicación

Las fotografías anteriores muestran una Pirámide en Tikal, Guatemala, la fachada de la Catedral de Burgos, una vista de la Iglesia de la Sagrada Familia en Barcelona y la plataforma de lanzamiento de un cohete espacial en los Estados Unidos.

Los monumentos y ruinas hallados en Tikal la señalan como una de las ciudades más importantes de la civilización maya-quiché.[1]

La Catedral de Burgos es una de las joyas del arte gótico[2] en España y comenzó a construirse a principios del siglo XIII.

La Iglesia de la Sagrada Familia es obra del gran arquitecto, escultor y ceramista catalán, Antonio Gaudí,[3] quien inició la construcción en 1883. La iglesia quedó incompleta a su muerte en 1926. Louis Sullivan, famoso arquitecto nonteamericano, dijo que esta obra era «espíritu simbolizado en piedra».

La cuarta fotografía presenta una imagen que se ha hecho familiar en las últimas décadas: la de un vehículo espacial.

Si bien las cuatro vistas representan realidades distintas, y la primera está separada de la última por muchos siglos, todas parecen mostrar el intento de lo que posiblemente es una aspiración básica del ser humano: ir hacia arriba, hacia lo alto, ascender en el espacio

PREGUNTAS PARA LA DISCUSIÓN

1. ¿Cree que además del común intento de ir hacia lo alto, hay otros puntos de semejanza entre la pirámide, las dos iglesias y el cohete espacial? ¿O cree que son totalmente distintos?

2. Comente la relación de proporciones entre las figuras humanas que aparecen en las tres últimas fotos (las dos mujeres en la de Burgos; el hombre y el niño en la de Barcelona y los operarios en la de los Estados Unidos) y los edificios o el cohete.

Comentario

La curiosidad y el interés por el espacio astral aparecen desde los orígenes del género humano.

Aun en tribus y grupos primitivos se hallan pruebas del afán de estudiar e interpretar el movimiento de los cuerpos celestes. Algunos pueblos mezclaron estos conocimientos con supersticiones y hechicería; otros concedieron a los astros una significación religiosa, como los Incas[4] del Perú

---

[1] **Mayas:** Indios del sur de México y parte de la América Central, quienes siglos antes del descubrimiento de América ya habían desarrollado una civilización importante. **Quichés:** Indios de la familia maya, que habitan en Guatemala.

[2] **Arte Gótico:** Estilo del arte occidental que predominó desde el siglo XII hasta el XV.

[3] **Antonio Gaudí y Cornet** (1852–1926): Artista español, renombrado por su estilo de gran novedad en las formas, estructuras funcionales, y unidad orgánica.

[4] **Incas:** Indios que, antes de la llegada de los conquistadores españoles, habían establecido un poderoso imperio que se extendía por lo que es hoy Perú, Ecuador, Bolivia y parte de Colombia, Chile y Argentina.

quienes hicieron del Sol su dios máximo. Muchos trataron de adivinar el futuro observando la posición y aspecto de los astros. Esta astrología ha sobrevivido hasta nuestra época con el enorme número de comentarios y horóscopos que se publican cada día.

De la innumerable cantidad de cuerpos celestes, los que más atrajeron la atención de los hombres de todos los tiempos fueron el Sol, la Luna y algunas de las estrellas de primera magnitud.

Esto se refleja también en la poesía, que ofrece numerosos ejemplos de obras en las que los astros son el tema central o aparecen mencionados en forma metafórica o figurada para aludir a cualidades humanas.

A continuación, transcribimos la poesía «Pálida luna», del escritor argentino Leopoldo Lugones.[5]

PÁLIDA LUNA

Pálida luna de la dicha, *happiness*
Pálida luna del dolor,
Pálida luna de la muerte,
Pálida luna del amor.

Íntima luna en la glorieta,
Mística luna en el altar,
Pálida luna de los montes,
Pálida luna de la mar.

Luna del plácido silencio,
Luna del cántico glorioso.
Pálida luna del camino,
Pálida luna del reposo.

Luna feliz del bien amado,
Luna fatal del bien perdido.
Pálida luna del recuerdo,
Pálida luna del olvido.

o cuarteta — quartlet / 4 lines

Nos hemos referido en esta Unidad a la vieja aspiración del hombre de volar, ir hacia lo alto y familiarizarse con los astros. Estos deseos se han cumplido en gran parte: el hombre puede volar, ya ha llegado a la Luna, y ha enviado naves no tripuladas a algunos de los planetas.

Todo permite suponer que esta aproximación a otros cuerpos celestes continuará en el futuro. De la misma manera, los conocimientos que ahora poseemos sobre el sistema solar y el resto del universo irán en aumento, y los habitamtes de la Tierra enfrentarán nuevas posibilidades y nuevos misterios. Desde este punto de vista, uno de los pensamientos más atrayentes

---

[5] **Leopoldo Lugones** (1874–1938): Poeta y prosista; uno de los mejores representantes del modernismo hispanoamericano.

y, a la vez, inquietantes, es el que supone la existencia de seres inteligentes en otros lugares del universo y las probabilidades de un encuentro con ellos. Ante esto surgen dos preguntas fundamentales:

1. ¿Cómo vamos a presentarnos a estos seres? ¿Cómo vamos a describir las características de la Tierra y de sus habitantes?

2. ¿Cuál será la apariencia de estos seres?

Sobre la base de estas dos preguntas organizaremos el resto de los materiales de esta Unidad.

Características de la tierra y de sus habitantes

Nuestra primera pregunta ha tenido ya una respuesta en los mensajes que transportan los *Voyager I* y *II*. Estas dos naves espaciales no tripuladas fueron enviadas por los Estados Unidos en 1977 con la misión de explorar los planetas más distantes del Sol, y luego ir más allá del sistema solar. Aquí es donde se abre la posibilidad de un encuentro con seres que existan fuera de nuestro sistema solar. Ante esta eventualidad, se decidió colocar en los dos *Voyager* un mensaje audiovisual grabado en un disco de cobre, al que acompañan las piezas e instrucciones gráficas necesarias para tocarlo. En él se intentan describir los elementos y características fundamentales de la Tierra y los seres que la habitan. Básicamente está integrado por fotografías, sonidos, palabras habladas y escritas, y música.

La parte visual comienza con una secuencia de 117 fotografías y termina con un mensaje del presidente Carter y una lista de los miembros del Congreso de los Estados Unidos.

La parte sonora presenta un mensaje del Secretario General de las Naciones Unidas y un saludo dicho en 60 idiomas, entre los que figuran los 25 más usados. A esto sigue una secuencia de más de 35 «Sonidos de la Tierra».

Finalmente, la grabación concluye con obras de música clásica (especialmente Bach y Beethoven), folklórica y ceremonial (cantos de pastores, de iniciación, de bodas, etc.), y popular (Mariachi mexicano, Louis Armstrong y otras) que provienen de distintos lugares del mundo.

A continuación transcribiremos la lista de las fotografías y de los «Sonidos de la Tierra»:[6]

---

[6] Las listas del texto en inglés, lo mismo que las informaciones generales relacionadas con los *Voyager* las tomamos de The National Aeronautics and Space Administration, «NASA News» (Release No. 77–159).

FOTOGRAFÍAS

círculo de calibración   calibration circle

mapa de posición del sistema solar   solar location map

definiciones matemáticas   mathematical definitions

definiciones de unidad física   physical unit definitions

parámetros del sistema solar   solar system parameters (2)

el Sol   the Sun

espectro solar   solar spectrum

Mercurio   Mercury

Marte   Mars

Júpiter   Jupiter

Tierra   Earth

Egipto, Mar Rojo, Península del Sinaí y el Nilo   Egypt, Red Sea, Sinai Peninsula and the Nile

definiciones químicas   chemical definitions

estructura del DNA   DNA structure

estructura amplificada del DNA   DNA structure magnified

células y división de una célula   cells and cell division

anatomia (8)   anatomy (8)

órganos sexuales humanos   human sex organs

gráfico de la fecundación   diagram of conception

fecundación   conception

óvulo fecundado   fertilized ovum

gráfico del feto   fetus diagram

feto   fetus

gráfico de hombre y mujer   diagram of male and female

alumbramiento   birth

madre amamantando a su hijo   nursing mother

padre e hija (Malasia)   father and daughter (Malasia)

grupo de niños   group of children

gráfico de generaciones en la familia   diagram of family ages

retrato de una familia   family portrait

gráfico del movimiento de los continentes   diagram of continental drift

estructura del suelo   structure of earth

Isla Herón (Australia)   Heron Island (Australia)

costa de mar   seashore

Río Snake y Picos Grand Tetons   Snake River and Grand Tetons

dunas   sand dunes

Monument Valley   Monument Valley

escena de un bosque con hongos   forest scene with mushrooms

hoja   leaf

hojas caídas   fallen leaves

secuoya   sequoia

copo de nieve   snowflake

árbol con narcisos   tree with daffodils

insecto volador con flores   flying insect with flowers

gráfico de la evolución de los vertebrados   diagram of vertebrate evolution

concha (Xancidae)   seashell (Xancidae)

delfines   dolphins

cardumen   school of fish

sapo   tree toad

cocodrilo   crocodile

águila   eagle

abrevadero (África del Sur)   waterhold (South Africa)

Jane Goodall y chimpancés   Jane Goodall and chimps

diseño de los *bushmen* (pueblo nómada sudafricano)   sketch of bushmen

cazadores *bushmen*   bushmen hunters

hombre de Guatemala   man from Guatemala

bailarina de Bali   dancer from Bali

niñas de los Andes   Andean girls

artesano tailandés   Thailand craftsman

elefante   elephant

viejo con barba y anteojos (Turquía)   old man with beard and glasses (Turkey)

viejo con un perro y flores   old man with dog and flowers

escalador de montaña   mountain climber

Cathy Rigby   Cathy Rigby

corredores de corta distancia   sprinters

aula schoolroom
niños con un globo children with globe
cosecha de algodón cotton harvest
recolector de uva grape picker
supermercado supermarket
escena bajo el agua con un buzo y un
pez underwater scene with diver and
fish
barca pescadora con redes fishing boat
with nets
cocinando pescado cooking fish
parte de una comida china Chinese dinner
part
demostración de lamer, comer y
beber demonstration of licking, eating
and drinking
La Gran Muralla China Great Wall of
China
construcción de una casa (africana) house
construction (African)
escena de una construcción
(Amish) construction scene (Amish)
casa (África) house (Africa)
casa (Nueva Inglaterra) house (New
England)
casa moderna (Cloudcroft) modern house
(Cloudcroft)
interior de una casa, con un artista y
fuego house interior with artist and fire
Taj Mahal Taj Mahal
ciudad inglesa (Oxford) English city
(Oxford)
Boston Boston
Edificio de las Naciones Unidas, día UN
building, day
Edificio de las Naciones Unidas, noche
UN building, night
Teatro de la Ópera en Sydney Sydney
Opera House
artesano con un taladro artisan with drill
interior de una fábrica factory interior
museo museum
radiografía de la mano X-ray of hand
mujer con un microscopio woman with
microscope
escena en una calle, Asia (Pakistán) street
scene, Asia (Pakistan)

hora de la ida y vuelta del trabajo,
India rush hour traffic, India
autopista moderna (Ithaca) modern
highway (Ithaca)
Puente Golden Gate Golden Gate Bridge
tren train
aeroplano en vuelo airplane in flight
aeropuerto (Toronto) airport (Toronto)
expedición antártica Antarctic expedition
radio telescopio (Westerbork,
Holanda) radio telescope (Westerbork,
Netherlands)
radio telescopio (Arecibo) radio telescope
(Arecibo)
página de un libro (*El sistema del universo
de Newton*) page of a book (Newton,
System of the World)
astronauta en el espacio astronaut in space
lanzamiento del Titán Centauro Titan
Centaur launch
ocaso con pájaros sunset with birds
cuarteto de cuerdas string quartet
violín con una partitura violin with music
score

SONIDOS DE LA TIERRA

ballenas whales
planetas (música) planets (music)
volcanes volcanoes
ollas de barro mud pots
lluvia rain
oleaje surf
grillo, ranas cricket, frogs
pájaros birds
hiena hyena
elefante elephant
chimpancé chimpanzee
perro salvaje wild dog
pasos y latidos del corazón footsteps and
heartbeats
risa laughter
fuego fire
herramientas tools
perros, domésticos dogs, domestic
manada de ovejas herding sheep

herrería blacksmith shop
aserradura sawing
tractor tractor
remachadora riveter
alfabeto Morse Morse code
barcos ships
caballo y carro horse and cart
caballo y carruaje horse and carriage
silbato de un tren train whistle
tractor tractor
camión truck

engranajes de un automóvil auto gears
jet jet
despegue del cohete Saturno 5 lift-off
   Saturn 5 Rocket
beso kiss
bebé baby
**signos vitales: electroencéfalograma
   electrocardiograma** life signs: EEG,
   EKG
pulsar pulsar

**PREGUNTAS
PARA LA
DISCUSIÓN**

1. ¿En la secuencia de fotografías, cree que hay un orden lógico o razones especiales para agruparlas en la forma en que aparecen?

2. ¿Qué aspectos de la vida social se han omitido en las fotografías? ¿Cree justificada esta omisión? (Por ejemplo: no hay ninguna foto relacionada con temas religiosos, o bélicos).

3. En la lista de «Sonidos de la Tierra» separe los que son producidos directamente por el hombre (por ejemplo: risa, beso, bebé) de los que no lo son. Dé su comentario.

4. ¿Si le asignaran la tarea de reducir las 117 fotografías a sólo 20, cuáles elegiría? Explique sus razones.

Apariencia y características de seres extraterrestres

¿Cuál será la apariencia y cuáles las características de seres extraterrestres? Por el momento, la respuesta a esta pregunta ha sido dada casi exclusivamente en el terreno de la ciencia-ficción. En este plano las ideas y opiniones son variadas y aumentan constantemente. Diarios, revistas, libros, programas de radio y televisión, y películas cinematográficas dedican tiempo y espacio a estos temas.

Un aspecto muy discutido es el de la existencia de Objetos voladores no identificados (OVNI en español; UFO, Unidentified Flying Object, en inglés). Muchas personas, en distintos lugares del mundo, afirman haber visto estas extrañas naves, a veces llamadas por su forma «platillos voladores». Algunos sostienen que también vieron a sus tripulantes, a quienes describen de distintas maneras, aunque en general con imágenes antropomorfas.

En los últimos años, películas como *La guerra de las galaxias (Star Wars)* y *Encuentros cercanos del tercer tipo (Close Encounters of the Third Kind)* han sido éxitos de taquilla, lo que prueba el interés del público en esta clase de filmes.

La actitud de los científicos y técnicos, lo mismo que la de las autoridades gubernamentales, es muy cautelosa. Aparentemente en un mismo grupo las opiniones están divididas a favor o en contra de la posibilidad de existencias y seres extraterrestres.

El punto que casi nadie considera, y que quizás llegue a ser crucial en el supuesto caso de un «encuentro» con seres de otros mundos, es el psicológico, metafísico y aun ético. O sea, si en un futuro próximo o lejano los humanos vamos a entrar en contacto con seres totalmente desconocidos y quizás fundamentalmente distintos, ¿cuál va a ser nuestra reacción? ¿Cómo trataremos de relacionarnos con ellos? ¿Intentaremos imponerles nuestras formas de vida y de pensamiento, si somos superiores? ¿Qué pasará si ellos son superiores a nosotros en fuerza, técnica o inteligencia?

Un problema de nuestra época es que se concede una enorme importancia al progreso técnico y científico, y se descuida una evolución paralela de los estudios humanísticos. Es muy posible que el hombre llegue a otros planetas y que, una vez allí, no sepa contestar por qué o para qué ha ido. Es posible también que si se encuentra con un ser extraño, no sepa explicarle quién es o cuáles son sus rasgos esenciales.

Pensando en esto, tal vez sería una buena idea volver a la célebre sentencia clásica del «Conócete a ti mismo», o recordar una idea semejante en las palabras de San Agustín[7]

ingente huge / **anchuroso** vast
el giro rotation

> Viajan los hombres por admirar las alturas de los montes, y las ingentes° olas del mar, y las anchurosas° corrientes de los ríos, y la inmensidad del océano, y el giro° de los astros, y se olvidan de sí mismos.
>
> *Confesiones*, Libro X, Capítulo 8

EJERCICIOS

1. Imagine que tiene un encuentro con un ser extraterrestre. ¿Cuál sería su reacción? ¿Qué características o definiciones del ser humano intentaría darle?

2. Haga una comparación entre el momento del descubrimiento de América y los primeros encuentros de los europeos con los indios, y la supuesta llegada de una expedición humana a otro astro y el encuentro con sus extraños habitantes.

---

[7] **San Agustín** (354–430): Una de las figuras más importantes de la cultura latino-cristiana. Entre sus obras figuran las *Confesiones, La ciudad de Dios,* y *Tratados sobre la gracia.*

El arte en la era espacial

Joan Miró,
Escultura (maqueta).

La escultura de Joan Miró[8] ofrece un buen ejemplo de ciertas características del arte contemporáneo que van a servirnos para completar los comentarios de esta Unidad.

Nos referimos a la ruptura con la tradición clásica en la forma de representar a la figura humana y, en general, al rechazo del llamado «prejuicio
representativo», o sea el pretender que la obra de arte muestre la realidad
tal como ésta aparece a nuestros sentidos (especialmente, la vista). Así, las
pinturas y esculturas futuristas,[9] cubistas[10], o surrealistas[11] van a presentar

---

[8] **Joan Miró** (1893): Pintor y escultor español. Se inició como cubista para luego integrarse con
los artistas surrealistas.

[9] **futurismo:** Movimiento artístico cuyo jefe fue F. T. Marinetti (Ver Nota 2 en la Unidad
Maquinismo y tecnología).

[10] **cubismo:** Otra de las escuelas de vanguardia de gran importancia en el siglo XX. Los cubistas buscan crear sus cuadros o poemas como objetos autónomos, independientes de toda intención imitativa, narrativa o representativa.

[11] **surrealismo:** Movimiento artístico y literario que exalta la importancia del inconsciente y de
los sueños.

imágenes y formas que tienen poco o nada que ver con los objetos a los que aluden. El artista no nos da los objetos como los ve sino como los piensa, como los organiza, o como los sueña. Con esto obliga al espectador a aceptar por «niño», «mujer», «árbol», «perro», etc., figuras que poco o nada se parecen a las que habitualmente reconocemos por esos nombres. Quizás, en esta forma el arte contemporáneo nos ayuda a estar mejor dispuestos para poder enfrentar a seres o cosas completamente distintos de aquellos que nos son familiares. También, como ha ocurrido muchas veces, el artista puede estar de alguna manera anticipando lo que se hará realidad en el futuro.

En relación con este tema es oportuno mencionar los trabajos de la pintora argentina Raquel Forner. A propósito del lanzamiento del Sputnik y de las primeras naves espaciales norteamericanas, esta artista comenzó en 1957 una serie de obras en las que pinta a los seres y cosas que, según imagina, encontrarán los astronautas en sus viajes por el espacio. De entre estas obras damos la titulada *El retorno de un astronauta*, que está expuesta en el National Air and Space Museum, en Washington, D.C.

Raquel Forner, *El retorno de un astronauta*. National Air and Space Museum, Smithsonian Institution, Washington, D.C.

Por fin, observemos una pintura de Eduardo Mac Entyre:[12]

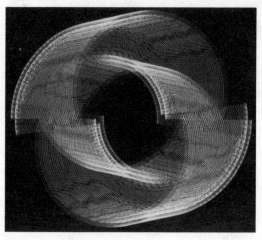

Eduardo Mac Entyre, *Aum II.*

Dice este artista:

en sí mismo in itself

La circunferencia, forma perfecta, concreta, que en sí misma° contiene vibración y movimiento, es el elemento principal para el desarrollo de mi obra. Forma que además repite constantemente ante nuestros ojos la naturaleza. ¿No son acaso geometría pura los sistemas siderales,° los cuerpos que las integran, las trayectorias orbitales y toda la belleza del cielo, que responde a un mecanismo divino, con infinitas leyes de radiaciones, de volúmenes, de distancias y traslaciones?° Nada más concreto, nada más real y nada más abstracto.

sistemas siderales systems of heavenly bodies

la traslación change of position

Así, vemos que la obra de arte puede expresar e integrarse con el sistema del cosmos.

VARIACIONES DE EXPRESIÓN

VARIACIONES LÉXICAS Y ORACIONALES

Sobre la base de una oración simple practiquemos primero variaciones de vocabulario:

1. **En el siglo XX,** la exploración del espacio astral avanzó enormemente gracias a la
   En nuestra época,   tecnología.
   En las últimas décadas,
   En los últimos años,

---

[12] Eduardo Mac Entyre (1929): Pintor argentino. Sus obras figuran en museos y colecciones de Latinoamérica, Estados Unidos y Europa.

2. En el siglo XX, **la investigación** del espacio astral avanzó enormemente gracias a la
       el estudio tecnología.

       la conquista

3. En el siglo XX, la exploración del espacio astral **progresó** enormemente gracias a la
       se desarrolló tecnología.

       evolucionó

4. En el siglo XX, la exploración del espacio astral avanzó **mucho** gracias a la tecnología.
       en forma considerable

       asombrosamente

5. En el siglo XX, la exploración del espacio astral avanzó enormemente
con la ayuda de la tecnología.
debido al progreso tecnológico.
favorecida por el progreso tecnológico.

Ahora, alteremos el orden de los elementos sintácticos. (Para estas variaciones pueden repasarse las explicaciones más detalladas que aparecen en la Unidad I).

En la primera oración tenemos:

En el siglo XX / la exploración del espacio astral / avanzó /
Complemento   Sujeto   Verbo
de tiempo

enormemente / gracias a la tecnología.
Complemento   Complemento
de Modo   de causa

La exploración del espacio astral / avanzó / enormemente /
S.   V.   C.M.

en el siglo XX / gracias a la tecnología.
C.T.   C.C.

Gracias a la tecnología / la exploración del espacio astral / avanzó /
C.C.   S.   V.

enormemente / en el siglo XX.
C.M.   C.T.

Gracias a la tecnología / la exploración del espacio astral /
C.C.   S.

en el siglo XX / avanzó / enormemente.
C.T.   V.   C.M.

La exploración del espacio astral / avanzó / enormemente /
S.   V.   C.M.

gracias a la tecnología / en el siglo XX.
C.C.   C.T.

Avanzó / enormemente / gracias a la tecnología /
V.   C.M.   C.C.

la exploración del espacio astral / en el siglo XX.
S.   C.T.

PRÁCTICA

A. Cambie los verbos, de acuerdo con el cambio del sujeto:

Mi amiga **dice** que ayer **vio** un platillo volador.
(Tú / Juan y María / Tú y tu hermana / Mi amigo y yo)

B. En la oración siguiente, cambie el tiempo del verbo al pretérito indefinido *(preterite)*, pretérito pluscuamperfecto *(pluperfect)*, y pretérito
perfecto *(present perfect)* del modo indicativo:

La actitud de los científicos **es** muy cautelosa.

C. Defina, o explique con sus palabras, el significado de los siguientes
vocablos: **luna, astronauta.**

D. Use en una oración las siguientes expresiones o locuciones que aparecen en esta Unidad:

además de   in addition to
¿Cree que **además del** común intento de ir hacia lo alto, hay otros
puntos de semejanza entre la pirámide, las dos iglesias, y el cohete
espacial?

por qué   why

para qué   what for
Es muy posible que el hombre llegue a otros planetas y que, una vez
allí, no sepa contestar **por qué** o **para qué** ha ido.

tal vez   perhaps
Tal vez sería una buena idea volver a la célebre sentencia clásica.

E. Modifique en todas las formas que pueda las siguientes oraciones, ya
sea cambiando el vocabulario con el uso de palabras sinónimas o análogas, o cambiando el orden de los elementos sintácticos:

1. En distintas épocas y de diferentes maneras, los seres humanos mos-
traron el afán de ascender en el espacio y estudiar el movimiento de
los cuerpos celestes.

2. Desde hace veinte años, esa pintora utiliza como tema de sus cuadros las formas imaginarias de seres y lugares extraterrestres.

COMPOSICIÓN DIRIGIDA

Tema: Descripción de una fotografía

Primera tarea: Observar detenidamente la fotografía.

Preguntas:

1. ¿Qué lugar muestra la fotografía?
    Respuesta: La fotografía muestra una calle y el frente y entrada de un cine.

2. Mencione los elementos más destacados—seres y cosas—que aparecen en la foto.
    Respuesta: Se ven dos automóviles estacionados, una cantidad de gente y, ocupando toda la mitad superior de la fotografía, la cartelera en donde se anuncia el filme que se está exhibiendo.

3. ¿Qué hace la gente?
    Respuesta: Hay una larga fila de gente esperando para entrar en la sala, o quizás para sacar sus billetes. En primer plano están tres niños, y uno de ellos está señalando algo en la cartelera.

4. ¿Qué película se está exhibiendo?
    Respuesta: La guerra de las galaxias.

5. ¿Además del título, qué otros elementos aparecen en la cartelera?
    Respuesta: En la cartelera aparecen varios personajes del filme, y algunas naves espaciales.

6. Si ha visto esa película, puede explicar brevemente el asunto o argumento.
    Respuesta: La guerra de las galaxias es la historia de. . . .

7. ¿Cuál es su opinión acerca de este filme? ¿Cree que es una buena
película? ¿Le gustó, o no?
Respuesta: Pienso que *La guerra de las galaxias* es una buena
película porque. . . .
Pienso que *La guerra de las galaxias* no es una buena película
porque. . . .
Me gustó *La guerra de las galaxias*, especialmente por. . . .
No me gustó *La guerra de las galaxias*, especialmente por. . . .

Ahora, usando las respuestas, puede organizar su composición:

Esta fotografía muestra una calle y el frente y entrada de un cine. Se
ven dos automóviles estacionados, una cantidad de gente y, ocupando
toda la mitad superior de la foto, la cartelera en donde se anuncia la
película que están exhibiendo: *La guerra de las galaxias*.

Una larga fila de gente está esperando para entrar en la sala, o quizás
para sacar sus billetes. En primer plano aparecen tres niños. Uno de
ellos está señalando algo en la cartelera en la que están representados
varios personajes de la película y algunas naves espaciales.

La guerra de las galaxias cuenta la historia de. . . .
Pienso que *La guerra de las galaxias* es (no es) una buena película
porque. . . .
Me gustó (No me gustó), especialmente por. . . .

TEMAS DE COMENTARIO ORAL O ESCRITO

1. Relacionándolo con el afán del hombre de ir hacia lo alto, dé su
interpretación del episodio bíblico de la torre de Babel, con el
comentario de los dos párrafos del Génesis que transcribimos a
continuación:

la cumbre top

hacer célebre nuestro nombre
to make a name for
ourselves / **esparcir** to spread

Y dijeron (los hombres): vamos a edificar una ciudad y una torre
cuya cumbre° llegue hasta el cielo: y hagamos célebre nuestro
nombre° antes de esparcirnos° por toda la faz de la tierra.

Génesis, 11, 4

Dios dijo—Descendamos, y confundamos allí mismo su lengua,
de manera que el uno no entienda el habla del otro.

Génesis, 11, 7

2. Comente la poesía «Pálida luna» de Leopoldo Lugones, u otro poema
en español o inglés que tenga como tema alguno de los astros.

3. Dé su opinión acerca del hecho de que la música es el único arte
bien representado en el mensaje de los *Voyager*.

4. En relación con los saludos en 60 idiomas que transportan los
Voyager, discuta las siguientes afirmaciones:

a) Es significativo, y absolutamente necesario, que en el mensaje espacial se advierta inmediatamente a los posibles destinatarios acerca de la variedad de lenguas distintas habladas en la Tierra.

b) El estar conscientes de la variedad y diferencias de lenguas, y el conocer y dominar más de una de ellas, nos capacita mejor para enfrentarnos con seres extraterrestres, en el caso de que esta posibilidad ocurra en el futuro. Esto es porque así tenemos un criterio más amplio para aceptar lenguajes o formas de comunicación distintas de las nuestras.

5. ¿Cuál es su opinión acerca de la existencia de OVNIS (Objetos voladores no identificados)?

6. Analice y comente la pintura de Raquel Forner, *El retorno de un astronauta*, p. 53, o la de Eduardo Mac Entyre, p. 54. Discuta la opinión de este último sobre la relación entre líneas y formas geométricas y los sistemas siderales.

Diversiones

El sustantivo **diversión** y el verbo **divertir** provienen del latín *divertere* que etimológicamente significa «llevar por varios lados». En su primera acepción **divertir** es «apartar», «desviar», «alejar». En la segunda acepción equivale a «entretener», «recrear», «distraer». En sentido general, estos cuatro últimos verbos pueden traducirse por el inglés *to amuse*. Si los analizamos en su composición tendremos:

Di	- **vertir**	to amuse, to divert
por varios lados	llevar	
Entre	- **tener**	to amuse, to entertain
en medio de dos o más cosas	tener	
Re	- **crear**	to amuse, to recreate
repetidamente	crear	
Dis	- **traer**	to amuse, to distract
en diversas direcciones	traer	

O sea que **divertir** y **divertirse**, más que a hacer algo determinado, aluden a no hacer aquello que es habitual, salirse de lo acostumbrado. En esta forma, lo que puede ser una diversión para uno no lo es necesariamente para otro. Por ejemplo, para un jugador profesional de fútbol una diversión puede ser ir a pescar, mientras que para quien trabaja como pescador, una diversión puede ser jugar al fútbol.

Esto nos prueba que hay muchas formas de diversión o entretenimiento, aunque en un sentido más limitado interpretamos como **diversiones** ciertas actividades a las que una mayoría coincide en considerar como tales. Entre éstas figuran las diversiones sociales (fiestas, tertulias, bailes) y las diversiones artísticas (teatro, cinematógrafo, televisión). Muchos practican deportes como una manera de diversión. Para algunos que llevan una vida sedentaria o recluida, caminar o ir de compras constituye un entretenimiento. Por otra parte, quien ejercita constantemente un trabajo manual puede recrearse con la lectura de un libro o una revista, mientras que un intelectual quizás decida ocupar su tiempo de esparcimiento pintando su casa o arreglando el jardín.

A continuación, daremos listas de vocabulario relacionadas con este tema, y luego discutiremos distintos tipos y formas de diversión.

NÚCLEOS DE VOCABULARIO

PALABRAS ANÁLOGAS O SINÓNIMAS

la diversión	*amusement, diversion*
el entretenimiento	entertainment, amusement
la recreación	recreation, diversion
la distracción	amusement; distraction
el recreo	recreation, amusement
el esparcimiento	amusement, recreation
el pasatiempo	pastime, amusement
la fiesta	*party, feast, celebration*
el festín	entertainment, feast, banquet
la reunión	reunion, gathering
el convite	feast, banquet
la tertulia	party, social gathering
la velada	social evening, evening gathering
el espectáculo	*show, pageant, spectacle*
la función	show
la representación	performance
✳ *el holgorio*	*noisy festivity, frolic, merriment*
la parranda	carousal, spree
la juerga	spree, carousal
la jarana	carousal, revelry
la francachela	feast, carousal
la entrada	*admission ticket*
el billete	*ticket*
el boleto	ticket
la localidad	seat location in a theatre
el argumento	*plot, argument*
el asunto	subject
la trama	plot
el enredo	plot

[handwritten note: wild free for alls]

PALABRAS AFINES

el baile	dance, ball
la danza	dance
el bailarín, la bailarina	dancer
la coreografía	choreography
el teatro	theatre, playhouse
la comedia	comedy
la tragedia	tragedy

el drama	drama
la pieza	play
el personaje	character
el protagonista	protagonist
el papel	role
el actor	actor
la actriz	actress
la escena	scene, stage
el acto	act
el entreacto	intermission
el desenlace	denouement, conclusion
el ensayo	rehearsal
el gesto	gesture
el ademán	gesture
la compañía	company
el elenco	cast
el empresario	manager of a theatre
el director	director
el acomodador	usher in a theatre
el taquillero	clerk in a ticket office
el espectador	spectator
el escenario	stage
las candilejas	footlights of a theatre
el telón	theatre curtain
el bastidor	wing of stage scenery
la platea	orchestra, seats on main floor of theatre
el palco	theatre box
el camarín	dressing room
la taquilla	ticket office
el cinematógrafo	movies, motion picture camera
el cine	cinema
la película	film, movie
el filme	film
la pantalla	screen
el guión	script, screenplay
la televisión	television
el televisor	television set
el, la televidente	television viewer
la cámara	camera
el canal	channel
la antena	antenna
la, el radio	radio
la radiodifusión	broadcasting
el, la radioyente	radio listener
el locutor, la locutora	radio announcer or speaker
la emisora	broadcasting station
el micrófono	microphone

ALGUNOS VERBOS RELACIONADOS CON EL TEMA

divertir   to amuse, to divert
El actor **divirtió** a su público.

divertirse   to amuse oneself, to have a good time
Trató de **divertirse** en sus vacaciones.

entretener   to amuse, to entertain
El abuelo **entretenía** a sus nietos.

entretenerse   to amuse oneself
Me entretuve mirando las fotografías.

recrear   to amuse, to entertain
El payaso **recreaba** a los niños del pueblo.

recrearse   to amuse oneself
Nos recreamos jugando al fútbol.

distraer   to amuse, to distract
El amigo lo **distrajo** de su pena con historias alegres.

distraerse   to amuse oneself
Me distraigo leyendo novelas.

festejar   to entertain, to celebrate
Festejaron el aniversario de la boda.

convidar   to invite
Lo **convidó** a comer en su casa.

conversar   to converse, to chat, to talk
Conversaron durante varias horas.

bailar   to dance
Los jóvenes **bailaron** toda la noche.

ensayar   to rehearse
Habían ensayado la pieza varias veces.

actuar   to act, to perform
En esa comedia, el niño **actuaba** con naturalidad.

asistir   to attend
Asistimos a la primera función.

representar   to perform
Van a **representar** la misma obra del famoso autor.

reponer   to repeat, to present again
Repusieron el éxito de la última temporada.

interpretar   to act, to interpret
Interpretó correctamente el papel del villano.

televisar   to televise
Iban a **televisar** los Juegos Olímpicos.

filmar   to film
Filmaron esa película en España.

Formas de diversión: caminar

Comentario

La fotografía anterior presenta una calle céntrica de Madrid, de noche. La escena es común a cualquier hora del día en todas las ciudades y pueblos del mundo hispánico: una cantidad de gente yendo de compras, dirigiéndose a cumplir alguna diligencia, o simplemente caminando o charlando con amigos o conocidos.

Esto ocurre no sólo en las calles y zonas principales de una ciudad, sino también en barrios apartados y pasajes distantes. El hispano entiende el caminar sin rumbo, sin un propósito determinado, por el simple gusto de hacerlo, o el detenerse a observar algo o conversar con alguien, como una forma de entretenimiento.

En los Estados Unidos, la gente no está habituada a caminar en esta forma, e inclusive en muchos lugares los carteles con la indicación de *No Loitering* parecen suponer que hay algo de censurable en esta actividad.

PREGUNTAS PARA LA DISCUSIÓN

1. ¿Le gusta caminar? ¿Sale a caminar con frecuencia como una diversión, o sólo camina cuando está obligado a hacerlo por alguna razón, o como una forma sistemática de ejercicio?

2. ¿Cree que el automóvil es la razón principal por la cual los americanos caminan muy poco?

3. ¿Piensa que la prohibición de andar sin un propósito determinado *(loitering)* está justificada?

4. Comente esta afirmación: El letrero *No Loitering* es una demostración de la influencia de la ética protestante con el imperativo del trabajo, y también del afán de productividad y obtención de beneficio económico de la sociedad norteamericana.

Formas de diversión: bailar

Comentario

En sentido general, bailar es moverse al ritmo de música o sonido. A través de tiempos y lugares, la danza aparece en relación con ritos, festejos, celebraciones, y como una forma de expresión artística. Por otro lado, el baile es parte de reuniones sociales o entretenimientos masivos, y algo que todos hemos practicado alguna vez.

En la fotografía se ve a una bailarina de flamenco, o sea el tipo de baile andaluz agitanado. Esta danza se caracteriza por sus movimientos rápidos y sensuales.

En su poema X de *Versos sencillos*, José Martí[1] nos da una descripción colorida de una bailarina española.

---

[1] **José Martí** (1853–1895): Escritor cubano, héroe de la independencia de su patria. Autor de numerosas obras en prosa y verso.

cuarteta

trémulo trembling

El alma trémula° y sola   a
padece al anochecer;   b
hay baile; vamos a ver   b
la bailarina española.   a

they have done well in removing

el banderón large flag / **la acera**
sidewalk

Han hecho bien en quitar
el banderón° de la acera;°
porque si está la bandera,
no sé, yo no puedo entrar.

soberbio haughty

Ya llega la bailarina:
soberbia° y pálida llega:
¿Cómo dicen que es gallega?   *that she is galician*
Pues dicen mal: es divina.

carmesí crimson
el alelí a flower with four petals

Lleva un sombrero torero
y una capa carmesí:°
¡Lo mismo que un alelí°
que se pusiese un sombrero!

one sees in passing   eyebrow

Se ve, de paso, la ceja,
ceja de mora traidora: *moor   (tempter)*
y la mirada, de mora:
y como nieve la oreja.

la bata robe / **el mantón** mantilla,
shawl

Preludian, bajan la luz,   *lower*
y sale en bata° y mantón,°
la virgen de la Asunción
bailando un baile andaluz.

alzar to raise / **retar** to challenge

Alza,° retando,° la frente;
crúzase al hombro la manta:
en arco el brazo levanta:
mueve despacio el pie ardiente.

repicar to ring
el tablado stage / **zalamero**
flattering

Repica° con los tacones   *heels*
el tablado° zalamera,°
como si la tabla fuera
tablado de corazones.

convite invitation

Y va el convite° creciendo
en las llamas° de los ojos,
y el manto de flecos rojos
se va en el aire meciendo.   *as if they were swinging up in the air*

mecer to swing

Suddenly *in one jump*

arrancar to start
hurtarse to move away / **quebrarse** to break

Súbito, de un salto, arranca,°
húrtase,° se quiebra,° gira:
abre en dos la cachemira,
ofrece la bata blanca.

ceder to slacken / **ondear** to sway

El cuerpo cede° y ondea°;
la boca abierta provoca:
es una rosa la boca:
lentamente taconea.

Recoge, de un débil giro,
el manto de flecos rojos:
se va, cerrando los ojos,
se va como en un suspiro. . .

whisper

Baila muy bien la española,
es blanco y rojo el mantón.
¡Vuelve, fosca,° a su rincón
el alma trémula y sola!

fosco gloomy

PREGUNTAS PARA LA DISCUSIÓN

1. ¿Le gusta bailar? Si la respuesta es afirmativa, trate de explicar por qué; qué es lo que le causa placer en el baile.
2. Haga una lista de nombres de distintos bailes.
3. ¿Cuál es su opinión sobre el ballet? Compare una función de ballet con una de ópera y una de teatro.

Formas de diversión: teatro y cine

Desde tiempos remotos, el hombre aprendió la conveniencia o necesidad de imitar y repetir ciertas acciones o gestos para volver a presentarlos (representarlos) con vistas a determinados fines. En esto se encuentra la esencia de la *representación teatral,* que en Occidente surge primero en Grecia, unida a ceremonias religiosas (Se ofrecían episodios de la historia del dios Dioniso). Después de varios siglos, el teatro renace en la Edad Media con la representación en los atrios de las iglesias de escenas de la vida de Cristo.

En nuestro siglo, el cinematógrafo ofrece una nueva forma de representación, a veces muy próxima y otras casi opuesta a la teatral.

Podemos hacer ahora un esquema comparativo de ambas, y responder a preguntas relacionadas con este tema:

1. ¿Cuál le gusta más, el teatro o el cine?
2. ¿Por qué?
3. ¿En el último año, cuántas veces fue al cine, y cuántas al teatro?

4. Señale semejanzas o diferencias en relación con los distintos factores que mencionamos:

Teatro	**Cine**
Actor teatral	Actor cinematográfico
Escenografía	Escenografía
Tiempo de la acción	Tiempo de la acción
Sonido y efectos especiales	Sonido y efectos especiales

EJERCICIO

Sobre la base de esta fotografía, imagine una historia y un diálogo para los personajes que aparecen en ella. Por ejemplo:

Historia:

Se trata de un drama rural. El protagonista, Juan, ha perdido todos sus bienes a consecuencia de malas cosechas y falta de prudencia en los negocios.

En esta escena aparecen Juan, su mujer Consuelo, y su hija Mercedes. Juan está explicando a su mujer y a su hija la gravedad de la situación.

JUAN: —¡No entiendo cómo pudo ocurrirnos todo esto! ¿Quién nos persigue con estas calamidades?

CONSUELO: —¿Dices que lo hemos perdido todo, inclusive esta casa?

JUAN: —Sí, ya no puedo detener a los acreedores.

MERCEDES: —¿Esto significa que tendremos que irnos pronto?

JUAN: —Antes de fin de mes.

CONSUELO: —¡Dios nos ampare!

Formas de diversión: radio y televisión

Esta familia de Valencia (España) hace lo mismo que muchas otras en distintos lugares: mirar televisión durante las comidas. En cierta forma, el aparato de televisión es como un comensal más en la mesa. El problema es que habitualmente acapara la atención de los otros, y es el único que «habla».

En general, se considera una falta de cortesía y de educación el leer un diario o una revista mientras se está en la mesa. En esos casos, el resto de la familia puede quejarse de la desatención que el lector muestra hacia ellos. Con la televisión tenemos a toda la familia de acuerdo en observar lo que pasa en la pantalla, y en abstenerse de conversar o cambiar opiniones. Esta situación preocupa a muchos que consideran que la televisión produce efectos negativos en la vida familiar y, en general, en la sociedad. La gente no se comunica. No se discuten problemas reales sino que todos se dejan influir por el mundo ficticio que ofrece el televisor.

Otro inconveniente serio, especialmente en los niños en edad escolar, es que el televisor distrae de las tareas y sistemas de estudio. Además, acostumbra a los jóvenes a ser impacientes, a no concentrarse por mucho tiempo en ningún trabajo, a cambiar rápidamente de tema y objeto como cuando giran el selector de canales.

Por supuesto, hay también muchos defensores de la televisión quienes la consideran como uno de los elementos más efectivos del progreso en las últimas décadas.

1. ¿Escucha radio? ¿Con qué frecuencia, y cuántas horas por día? ¿Prefiere la radio a la televisión?

2. ¿Cuántas horas por día pasa sentado frente al televisor? ¿Qué tipo de programas prefiere?

3. ¿Cuál es su programa favorito de televisión? Explique por qué le gusta, y resuma el asunto del mismo.

4. ¿Qué opina de la calidad artística de los programas de televisión que haya tenido oportunidad de observar en los Estados Unidos y en otros países?

Formas de diversión: parque de diversiones

Comentario

La fotografía muestra uno de los juegos en un parque de diversiones. En este caso se trata de autitos que se chocan entre sí, según la habilidad del conductor. Para evitar efectos peligrosos, los autos están provistos de una banda de goma que sirve para amortiguar los golpes.

1. ¿Cuántas personas aparecen en la fotografía? Quiénes son y qué hacen?

2. ¿Ha participado alguna vez en este entretenimiento? ¿Qué es lo que divierte a la gente cuando maneja estos autitos?

3. Comente el sentido de los dos carteles que se ven arriba, en la foto: «La Empresa y la Compañía Aseguradora no responden de las imprudencias»; «Aviso al público que está en los pasillos: No den con los pies en los coches».

VARIACIONES DE EXPRESIÓN

VARIACIONES LÉXICAS Y ORACIONALES

Sobre la base de una oración simple practiquemos primero variaciones de vocabulario:

1. **Toda la tarde** los jóvenes caminaron por la ciudad como una forma de entretenimiento.
   Durante las horas de la tarde
   Después del almuerzo

2. Toda la tarde **los muchachos** caminaron por la ciudad como una forma de entretenimiento.
           los chicos
           los niños

3. Toda la tarde, los jóvenes **anduvieron por** la ciudad como una forma de entretenimiento.
                 marcharon
                 recorrieron

4. Toda la tarde, los jóvenes caminaron por **el pueblo** como una forma de entretenimiento
                 el lugar
                 la aldea

5. Toda la tarde, los jóvenes caminaron por la ciudad como una forma de **diversión.**
                           distracción.
                           recreo.
                           esparcimiento.
                           pasatiempo.

Ahora, alteremos el orden de los elementos sintácticos. En la primera oración tenemos:

Toda la tarde / los jóvenes / caminaron / por la ciudad /
Complemento   Sujeto   Verbo   Complemento
de tiempo   de lugar

como una forma de entretenimiento.
Complemento de modo.

Los jóvenes / caminaron / por la ciudad / toda la tarde /
S.   V.   C.L.   C.T.

como una forma de entretenimiento.
C.M.

Como una forma de entretenimiento / los jóvenes / caminaron /
           C.M.   S.   V.

por la ciudad / toda la tarde.
 C.L.   C.T.

Toda la tarde / caminaron / los jóvenes / por la ciudad /
  C.T.   V.   S.   C.L.

como una forma de entretenimiento.
          C.M.

Los jóvenes / caminaron / toda la tarde / por la ciudad /
  S.   V.   C.T.   C.L.

como una forma de entretenimiento.
          C.M.

PRÁCTICA

A. Cambie el verbo, de acuerdo con el cambio del sujeto:

Yo **me entretuve** mirando las fotografías.
(Pedro y Cristina se / Mis amigos y yo nos / Tú te / Vosotros os)

B. Escriba el verbo **asistir** en el modo y tiempo indicados:

1. Tú _____ a la primera función. (*M. Indicativo, Pretérito Indefinido*)
2. Quiere que tú _____ a la primera función. (*M. Subjuntivo, Presente*)
3. Quiso que tú _____ a la primera función. (*M. Subjuntivo, Pretérito Imperfecto*)

C. Defina, o explique con sus palabras, el significado de los siguientes vocablos: **baile, televisión.**

D. Use en una oración las siguientes expresiones o locuciones que aparecen en esta Unidad:

ir de compras   to go shopping
Para algunos, **ir de compras** constituye un entretenimiento.

de paso   slightly; in passing
Se ve, **de paso**, la ceja.

de un salto   at one jump, in a flash
Súbito, **de un salto**, arranca.

a consecuencia   because of
Juan ha perdido todos sus bienes **a consecuencia** de malas cosechas.

E. Modifique en todas las formas que pueda las siguientes oraciones, ya sea cambiando el vocabulario con el uso de palabras sinónimas o análogas, o cambiando el orden de los elementos sintácticos:

1. Desde temprano, mi amigo estuvo en la puerta del teatro para conseguir los billetes.
2. Los invitados a la fiesta bailaron por muchas horas en el parque de la mansión del célebre actor.

**COMPOSICIÓN
DIRIGIDA**   *Tema:* Descripción de una fotografía

Primera tarea: Observar detenidamente la fotografía.

Preguntas:

1. ¿Qué muestra la fotografía?
   Respuesta: La fotografía muestra la filmación de una obra de televisión.

2. Describa lo que se observa en primer plano.
   Respuesta: En primer plano aparecen la cámara y micrófonos, y los técnicos que los manejan.

3. ¿Qué se ve en la parte superior?
   Respuesta: En la parte superior se ven las luces y focos para los efectos de iluminación.

4. ¿Qué aparece en el fondo?
   Respuesta: En el fondo hay dos escenarios: uno parece un dormitorio, y el otro, donde están los actores, es una sala.

5. Describa los objetos en la sala.
   Respuesta: En la sala hay un juego de sillones, una mesa baja, una lámpara, un teléfono, una planta, cuadros, una alfombra y una ventana con cortinas.

6. ¿Cuántos actores hay en escena?
   Respuesta: En la escena aparecen cuatro actores.

7. ¿Supone que la obra que están representando es una comedia o un drama?
   Respuesta: Es. . . .

8. Imagine una historia, nombres y un diálogo para los personajes que aparecen en esta escena.
   Respuesta: Se trata de. . . .

A continuación, organice su composición. Puede variar el orden de las respuestas y describir la escena y los actores desde distintos puntos de vista.

TEMAS DE COMENTARIO ORAL O ESCRITO

1. Analice y describa la fotografía de la calle madrileña (página 66). Elija a alguno de los transeúntes que aparecen en ella, e imagine su historia: quién es; qué hace; adónde va.

2. Comente el poema X de *Versos sencillos* de José Martí.

3. ¿Cuál es la película cinematográfica que más le ha gustado? Narre su argumento.

4. Enumere, según su opinión, las ventajas y desventajas que la televisión ofrece en relación con la educación del público televidente.

5. ¿Ha asistido alguna vez a un parque de diversiones, o a una feria en la que hubiera juegos? Mencione y describa alguno de estos entretenimientos.

6. Comente estas dos tiras cómicas de *Mafalda*. Su autor es Quino (seudónimo de Joaquín Lavado). Estos dibujos se han hecho muy populares en Argentina y otros países de habla hispana. Se dirigen a un público adulto, y presentan un humor que mezcla la broma directa con la crítica social, política, o de costumbres.

En la primera tira aparecen Mafalda, la protagonista, y Susanita, otro de los personajes. Mafalda representa en cierta medida, y en *versión infantil*, al intelectual rebelde, de crítica aguda e irónica.

Salud y enfermedades

No hay tesoro que valga más que la salud del cuerpo.

Eclesiástico, 30,16

Honra al médico, porque le necesitas: pues el Altísimo es el que le ha hecho para tu bien.

Eclesiástico, 38,1

caer en manos to be in the care

Puesto que hay un tiempo en que has de caer en manos° de los médicos; y ellos rogarán al Señor que te aproveche lo que recetan° para tu alivio,° y te conceda la salud, que es a lo que se dirige su profesión.

recetar to prescribe
el alivio relief

Eclesiástico, 38,13–14

Comentario

Estas citas del *Eclesiástico*[1] nos dan base para iniciar las reflexiones sobre el tema de esta Unidad.

La primera confirma una creencia generalizada: no hay nada más valioso que estar sano, o sea que todas las partes de nuestro cuerpo funcionen normalmente. Esta convicción se observa en todos los tiempos y en las civilizaciones o grupos sociales más diversos.

Por el contrario, no existe uniformidad en la manera de considerar a los encargados de cuidar la salud o curar las enfermedades: los médicos. En pueblos primitivos, muchas veces el médico o curandero se confunde con el sacerdote o el hechicero de la tribu.

La segunda cita del *Eclesiástico* indica que el médico es un instrumento de Dios quien, en última instancia, es el que concede la salud.

En algunas sociedades, la fortuna del médico está directamente relacionada con la cura de su paciente. Si éste mejora, se gratifica al médico; si el enfermo empeora o muere, el galeno no recibe paga, y en ciertos casos se llegó al extremo de condenar al doctor a la misma suerte de su paciente.

PREGUNTAS PARA LA DISCUSIÓN

1. «¡Salud!» es en español una interjección familiar con que se saluda a uno o se le desea un bien. Se usa, por ejemplo, en los brindis. Compare esta interjección con sus similares en inglés u otros idiomas, y comente el sentido de este y otros saludos o brindis.

2. Las palabras del *Eclesiástico* (38,14) indican que el objectivo del médico es conceder la salud. ¿Cuál es para usted la función más importante del médico? ¿Cómo ordenaría las siguientes opciones?

    a) El médico debe curar la enfermedad.
    b) El médico debe cuidar la salud.
    c) El médico debe calmar el dolor físico.
    d) El médico debe prolongar la vida del paciente.

3. En relación con la pregunta anterior, ¿qué opina de la eutanasia?

---

[1] El *Eclesiástico* es uno de los libros del Antiguo Testamento, considerado canónico por los Católicos Romanos y Ortodoxos, y apócrifo por los Protestantes.

4. ¿Puede hacer una comparación entre los castigos, a veces severos, que algunas tribus o sociedades aplicaban o aplican al médico cuando el paciente empeora o muere, y los juicios muy frecuentes en nuestra época, y especialmente en los Estados Unidos, contra doctores acusados de práctica errónea de la medicina *(malpractice)*?

NÚCLEOS DE VOCABULARIO

PALABRAS ANÁLOGAS O SINÓNIMAS

la enfermedad	*illness, sickness, disease*
la dolencia	aching, disease, ailment
el mal	illness, ailment
la afección	illness, disease
el malestar	indisposition
la indisposición	indisposition, slight ailment
la gripe	grippe, influenza, flu
la influenza	influenza
el, enfermo, la enferma	*patient*
el, la paciente	patient
el, la doliente	patient
el herido, la herida	injured person, wounded person
el médico, la médica	*physician*
el doctor, la doctora	physician
el galeno	physician
el facultativo	physician
el hospital	*hospital*
el sanatorio	sanatorium, hospital
la clínica	clinic
el consultorio	doctor's office
la epidemia	*epidemic*
la peste	pestilence
la plaga	plague
la farmacia	*pharmacy*
la droguería	drugstore
la botica	drugstore
el medicamento	*medicine, medicament*
la medicina	medicine
el remedio	remedy

la droga	drug
la pastilla	tablet
la tableta	tablet
el comprimido	tablet
la píldora	pill
la gragea	pill

PALABRAS AFINES

la infección	infection
el contagio	contagion
la inflamación	inflammation
el resfrío	cold
el mareo	dizziness
el desmayo	fainting
la tos	cough
el ataque	fit
la llaga	sore, ulcer
la herida	wound
la mejoría	improvement
la recaída	relapse
la convalecencia	convalescence
el síntoma	symptom
el diagnóstico	diagnosis
la fiebre	fever

el, la dentista	dentist
el cirujano, la cirujana	surgeon
el, la oculista	ophthalmologist, oculist
el, la masajista	masseur, masseuse
el pedicuro, la pedicura	podiatrist
el enfermero, la enfermera	nurse
el farmacéutico, la farmacéutica	pharmacist
el boticario, la boticaria	druggist, apothecary
la receta	prescription
la prescripción	prescription
el desinfectante	disinfectant
el anestésico	anesthetic
la inyección	injection, shot
la vacuna	vaccine
el suero	serum
el antibiótico	antibiotic
el analgésico	analgesic
el sedante	sedative
la pomada	salve
el ungüento	ointment
el jarabe	syrup

ALGUNOS VERBOS RELACIONADOS CON EL TEMA

enfermar　to fall ill
Enfermó gravemente del corazón.

indisponerse　to become mildly ill
Se indispuso cuando llegaba a su casa.

curar　to cure, to heal
Curó a varios de los heridos en el accidente de tráfico.

sanar　to heal, to cure, to recover from sickness
Sanaste antes de lo que esperábamos.

auscultar　to examine by listening to body sounds (heartbeat, breathing, etc.)
El médico **auscultó** al paciente.

diagnosticar　to diagnose
El facultativo le **diagnosticó** al paciente una terrible enfermedad.

recetar　to prescribe
Me **recetó** un jarabe para la tos.

restablecerse　to recover
Con tiempo y paciencia, **te restablecerás.**

reponerse　to recover
Se repusieron de las heridas físicas, no de las espirituales.

mejorar　to improve; to recover from a disease
En los últimos días **has mejorado** mucho.

cuidarse　to take care of oneself
Debes **cuidarte** durante la convalecencia.

operar　to operate on
Lo **operaron** de la garganta.

cicatrizar　to heal
La llaga en la mano tardó en **cicatrizar.**

vendar　to bandage
Le **vendaron** la cabeza y el brazo.

enyesar　to put on a plaster cast
Fue necesario **enyesarle** la pierna.

resfriarse　to catch a cold
Me **resfrié** en la primavera.

toser　to cough
Tosiste toda la noche.

internar　to place in an institution
Lo **internaron** en el hospital.

lesionar　to injure
Lesionó a dos jugadores.

racaer　to suffer a relapse
Recayó después de dos semanas de mejoría.

El cuidado de la salud: el prestigio

Las fotografías anteriores muestran dos chapas con los nombres, especialidades, y horas de consulta de varios médicos. En España e Hispanoamérica se da mucha importancia a estas placas que para algunos parecerían ser el equivalente de un escudo de armas medieval: algo que han obtenido y que les da dignidad y prestigio en la sociedad.

Los médicos y los abogados son los que más acostumbran poner chapa en el frente o la puerta de la casa. Por supuesto que estos anuncios cumplen con la misión de indicar la presencia del profesional y, generalmente, sus horas de atención a pacientes o clientes. Pero hay otras profesiones o actividades que no los usan, o si lo hacen es exclusivamente con un fin práctico, y no en la forma ostentosa que a veces se observa en médicos y letrados.

Muchas familias se consideran privilegiadas si entre sus miembros hay un médico, y se complacen en manifestarlo en todas las ocasiones, y por todos los medios posibles. Es interesante recordar que este respeto por los galenos no existía en otras épocas. Por ejemplo, en la España medieval y renacentista la práctica de la medicina era considerada impropia para un hidalgo dado que se la incluía entre los trabajos manuales, actividad que un caballero no debía desempeñar.

PREGUNTAS PARA LA DISCUSIÓN

1. ¿En relación al prestigio, qué lugar ocupa la profesión médica en la sociedad norteamericana?

2. ¿Qué posición les asignaría usted si tuviese que ubicar a los médicos en una tabla jerárquica dentro de la sociedad? Compárelos con otros profesionales o trabajadores.

3. ¿En general, cuál es la actitud del americano hacia el médico: es una de confianza, respeto, temor, antagonismo?

4. El *Eclesiástico* (38,1) indica: «Honra al médico, porque le necesitas.» Comente esta sentencia.

El cuidado de la salud: el aprendizaje

Facultad de Medicina, Universidad de Valencia, España.

Facultad de Farmacia, Universidad de Madrid.

PREGUNTAS PARA LA DISCUSIÓN

1. Describa los elementos y personajes que aparecen en las fotografías.

2. ¿Cuál supone es el tema de la conversación entre el muchacho y la joven que están frente a la Facultad de Medicina?

3. ¿Qué piensa de la limitación que las universidades norteamericanas aplican al número de estudiantes que desean ingresar en las Escuelas de Medicina? ¿Cómo se justifica esto frente a la escasez de médicos en muchas zonas rurales, y barrios pobres en las ciudades?

El cuidado de la salud: el costo

En los Estados Unidos, la sentencia del *Eclesiástico,* «No hay tesoro que valga más que la salud del cuerpo,» podría invertirse y decir que «para cuidar la salud del cuerpo se necesita un tesoro o una fortuna.» Esto no es algo nuevo, y rige para otros lugares y otras épocas. En el siglo XVI, Montaigne[2] decía: «No censuro demasiado a los médicos que se benefician gracias a nuestra tontería.» (*Ensayos*, II, XXXVII).

Sin embargo, los problemas derivados del alto costo de la atención médica se han agudizado en la sociedad americana de las últimas décadas hasta el punto de que fue necesario que el gobierno federal iniciara programas que como *Medicare y Medicaid* tratan de evitar que en un país sumamente rico algunos de sus habitantes se vean privados de la debida atención médica por la imposibilidad de pagar los servicios.

La reacción del público americano en relación con el enorme costo de médicos, remedios y hospitales es curiosa. Los mismos que levantan protestas y boicotean cualquier actividad o producto que suponen tiene un precio más alto de lo justificado, se someten sin casi ninguna objeción a pagar sumas elevadas por la atención de la salud. Algunos observadores explican que esta actitud se debe al hecho de que la mayoría de los norteamericanos cuentan con alguna forma de seguro de salud, y por lo tanto muy pocas veces deben enfrentarse con el problema de tener que pagar altas sumas directamente de su bolsillo. Así, no reaccionan en forma activa o violenta, ni se preocupan por el costo. Pero en realidad están pagando esas sumas sin darse cuenta, con el costo de su seguro, y de los impuestos para pagar el seguro de salud de otros.

PREGUNTAS PARA LA DISCUSIÓN

1. En general, el promedio de ingresos de un médico en los Estados Unidos es muy superior al de otros profesionales o trabajadores. ¿Piensa que esto es justo? ¿Qué razones justifican esta disparidad?: mayor estudio, mayor trabajo, mayor responsabilidad.

2. ¿Cuál es su opinión acerca de los sistemas de *Medicare* y *Medicaid?*

3. Si admitimos que el americano no se rebela contra el alto costo de la atención de la salud, ¿cuál de las siguientes supone que es la razón de esta actitud?

   a) Respeto por la profesión médica.
   b) Indiferencia dado que su seguro de salud paga gran parte de los gastos.
   c) Creencia inconsciente en que, de alguna manera, si paga mucho, puede «comprar» su salud.
   d) Convencimiento de que si se consideran las pérdidas económicas que resultan de estar enfermo, no importa pagar mucho por curarse.

---

[2] **Michel de Montaigne** (1533–1592): Filósofo y moralista francés, célebre por sus *Ensayos.*

La farmacia

Farmacia, Salamanca, España.

Comentario

Los farmacéuticos ocupan un lugar importante entre aquéllos que se dedican al cuidado de la salud. En tiempos pasados, el boticario aconsejaba y recetaba a los pacientes, y con frecuencia reemplazaba por completo al médico. Esto todavía ocurre en algunos pueblos pequeños o lugares apartados de los centros urbanos.

Muchas veces, la estrecha relación profesional entre el médico y el farmacéutico ha dado motivo a suspicacias y burlas, como cuando se llama al farmacéutico el «cómplice» del médico.

TEMAS DE DISCUSIÓN

1. Describa a los personajes y objetos que aparecen en la fotografía.

2. Imagine un diálogo entre el farmacéutico y su cliente.

3. En España e Hispanoamérica, lo mismo que en otros lugares de Europa, la farmacia está en un local separado, y no forma parte de un negocio adonde se venden muchos otros artículos como ocurre en las droguerías de los Estados Unidos. Comente esta circunstancia, y trate de explicar cuáles pueden ser las razones y cuáles los resultados de estas diferencias.

4. En otros países, el farmacéutico prepara medicamentos, mezcla los ingredientes necesarios y está autorizado a aplicar vacunas e inyecciones. En los Estados Unidos casi toda su misión se limita a poner un rótulo en un producto medicinal ya preparado y copiar en él el nombre del paciente y las indicaciones del médico. ¿Piensa que esto es una demostración del control creciente de los médicos y de la industria farmacéutica sobre los boticarios? ¿Está a favor o en contra de este sistema?

Los médicos en la literatura

Los médicos aparecen muchas veces en las obras literarias, ya sea como personajes, o como destinatarios de las mismas. En este último caso generalmente se trata de escritos satíricos donde el autor se burla o ataca acerbamente a los galenos.

Algunos escritores y pensadores fueron enemigos declarados de los médicos, especialmente en las épocas en que el tratamiento que éstos prescribían era doloroso o molesto, y los resultados no muy satisfactorios.

A continuación damos tres poesías que ilustran este tema.

EPITAFIO A UN MÉDICO

(escrito por la Muerte)

yacer to lie down
yermo wasted
el cuchillo knife

Yacen° de un hombre en esta piedra dura
el cuerpo yermo° y las cenizas frías.
Médico fue, cuchillo° de Natura,
causa de todas las riquezas mías.

agora now
regir to govern

Y agora° cierro en honda sepultura
los miembros que rigió° por largos días,
y aun con ser Muerte, yo no se la diera,
si dél para matarle no aprendiera.

Francisco de Quevedo[3]

COLOQUIO QUE TUVO CON LA MUERTE UN MÉDICO, ESTANDO ENFERMO DE RIESGO *(fragmento)*

El mundo todo es testigo,
Muerte de mi corazón,
que no has tenido razón
de portarte así conmigo.

reparar to consider
el tiro tuerto missed shot
el acierto good shot

Repara° que soy tu amigo,
y que de tus tiros tuertos°
en mí tienes los aciertos;°
excúsame la partida,
que por cada mes de vida
te daré treinta y un muertos.

Juan del Valle Caviedes[4]

---

[3] **Francisco de Quevedo y Villegas (1580–1645):** Una de las grandes figuras de la literatura española de los Siglos de Oro. Escribió numerosas poesías y prosas en un estilo pleno de ingenio y contrastes barrocos.

[4] **Juan del Valle Caviedes:** Poeta satírico del siglo XVII. Nació en Andalucía pero pasó la mayor parte de su vida en Lima, Perú. Crítico de las costumbres de su época, se lo conoce especialmente por sus burlas de los médicos.

EL MÉDICO Y EL MUERTO

(fábula)

—Mi ciencia no ha bastado
Para salvar a este infeliz la vida:
Un botiquín° entero he agotado;
Pero Esculapio° mismo si hoy viviera
Por esta tifus cruel vencido fuera—
Así un insigne médico exclamaba
Con triste voz y faz adolorida,
Un cadáver al ver tieso° y helado
Que en un féretro° estaba.
Mas por celeste permisión el muerto
Alzó su frente pálida y le dijo:
«Porque fuiste en curarme tan prolijo,°
Porque gastaste drogas sin prudencia
Estoy como me ves ¡oh cuánto es cierto
Que tu excesiva ciencia
Más muertes hace que cualquier dolencia!»

Juan León Mera[5]

el botiquín medicine chest

Esculapio *god of medicine and healing in greco-roman mythology*

tieso stiff

el féretro coffin

prolijo overcareful

VARIACIONES DE EXPRESIÓN

VARIACIONES LÉXICAS Y ORACIONALES

1. **Al poco tiempo,** el enfermo se repuso gracias al nuevo medicamento.
   A los pocos días
   Pronto

2. Al poco tiempo, el **paciente** se repuso gracias al nuevo medicamento.
   doliente
   herido

3. Al poco tiempo, el enfermo **se restableció** gracias al nuevo medicamento.
   mejoró
   sanó

4. Al poco tiempo, el enfermo se repuso gracias al nuevo **remedio.**
   a la nueva **medicina.**
   a la nueva **droga.**

Ahora, alteremos el orden de los elementos sintácticos. En la primera oración tenemos:

Al poco tiempo / el enfermo / se repuso / gracias al nuevo medicamento.
Complemento   Sujeto   Verbo   Complemento de causa
de tiempo

---

[5] **Juan León Mera** (1832–1894): Novelista, poeta, crítico e historiador ecuatoriano.

El enfermo / se repuso / al poco tiempo / gracias al nuevo medicamento.
  S.   V.   C.T.   C.C.

El enfermo / se repuso / gracias al nuevo medicamento / al poco tiempo.
  S.   V.   C.C.   C.T.

Gracias al nuevo medicamento / el enfermo / se repuso /
         C.C.   S.   V.

al poco tiempo.
  C.T.

Gracias al nuevo medicamento / se repuso / el enfermo /
         C.C.   V.   S.

al poco tiempo.
  C.T.

Gracias al nuevo medicamento / al poco tiempo / se repuso / el enfermo.
         C.C.   C.T.   V.   S.

Al poco tiempo / se repuso / el enfermo / gracias al nuevo medicamento.
  C.T.   V.   S.   C.C.

Al poco tiempo / gracias al nuevo medicamento / el enfermo / se repuso.
  C.T.   C.C.   S.   V.

Al poco tiempo / gracias al nuevo medicamento / se repuso / el enfermo.
  C.T.   C.C.   V.   S.

Se repuso / el enfermo / al poco tiempo / gracias al nuevo medicamento.
  V.   S.   C.T.   C.C.

PRÁCTICA

A. Cambie el verbo, de acuerdo con el cambio del sujeto:

Yo **me resfrié** en la primavera.
(Mi prima / Alberto y Luis / Tú y tus hermanas / Nosotros)

B. Escriba el verbo **mejorar** en el modo y tiempo indicados:

1. En los últimos días, tú ＿＿＿ mucho. (*M. Indicativo, Pretérito Perfecto*)
2. Confío en que en los últimos días, tú ＿＿＿. (*M. Subjuntivo, Pretérito Perfecto*) *hayas mejorado*
3. Deseaba que tú ＿＿＿ rápidamente. (*M. Subjuntivo, Pretérito Imperfecto*) *hubiera mejorado*

C. Defina, o explique con sus palabras, el significado de los siguientes vocablos: **enfermero, dentista.**

D. Use en una oración las siguientes expresiones o locuciones que aparecen en esta Unidad:

puesto que   inasmuch as, since
Puesto que hay un tiempo en que has de caer en manos de los médicos

por supuesto   of course, naturally
Por supuesto que estos anuncios cumplen con la misión de indicar la presencia del profesional.

por lo tanto   for that reason, therefore
La mayoría de los norteamericanos cuentan con alguna forma de seguro de salud, y **por lo tanto** no se preocupan por el costo de la atención médica.

de alguna manera   in some way, somehow
El americano cree que, **de alguna manera,** si paga mucho puede «comprar» su salud.

E. Modifique en todas las formas que pueda las siguientes oraciones, ya sea cambiando el vocabulario con el uso de palabras sinónimas o análogas, o cambiando el orden de los elementos sintácticos:

1. Todos los médicos del pueblo trabajaban en el hospital para cuidar a las víctimas de la epidemia.
2. Inmediatamente el boticario le recetó unas pastillas para curar el resfrío.

COMPOSICIÓN DIRIGIDA   *Tema:* Descripción de una fotografía

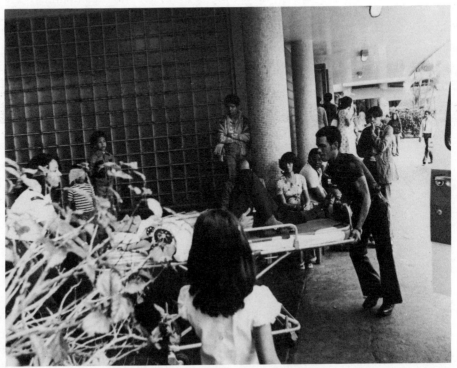

Entrada a la sala de emergencia de un hospital, Venezuela.

Primera tarea: Observar detenidamente la fotografía en la página precedente.

Preguntas:

1. ¿Qué muestra la fotografía?
   Respuesta: La fotografía muestra la entrada a la sala de emergencia de un hospital.

2. ¿Quiénes aparecen en primer plano?
   Respuesta: En primer plano se ve a una niña, y en el centro de la foto a dos jóvenes que llevan una camilla.

3. ¿Qué observa en el fondo?
   Respuesta: En el fondo hay un pasillo y varias personas, posiblemente parientes o amigos de los enfermos o heridos.

4. ¿A quién llevan en la camilla?
   Respuesta: En la camilla llevan a un hombre.

5. Imagine una historia para ese hombre: quién es; qué le ocurrió; dónde estaba cuando sufrió el ataque o accidente, etc.
   Respuesta: Ese hombre. . . .

A continuación, organice su composición. Puede variar el orden de las respuestas, y describir la escena y quienes aparecen en ella desde distintos puntos de vista.

TEMAS DE COMENTARIO ORAL O ESCRITO

1. Comente el dicho popular en español: «Salud, dinero, y amor—y tiempo para disfrutarlos.» ¿Está de acuerdo con el orden en que aparecen los tres bienes (salud, dinero, amor)? ¿Cómo los ordenaría usted? ¿Qué opina del agregado: «—y tiempo para disfrutarlos.»?

2. Mediante el uso de aparatos y técnicas artificiales, la ciencia moderna ha hallado formas de mantener vivos a pacientes que de otro modo morirían. ¿Cuál es su opinión acerca de esta manera de prolongar la vida cuando no hay esperanzas o probabilidades de restablecimiento?

3. ¿Cuál supone es la razón principal de la gran cantidad de estudiantes que cada año desean ingresar en las Escuelas de Medicina y Odontología en los Estados Unidos? ¿Se trata de verdadera vocación, o es que los jóvenes se sienten atraídos por el prestigio de estas profesiones, y los beneficios económicos que reportan?

4. ¿Qué piensa acerca de instituir en los Estados Unidos un Seguro Nacional de Salud a semejanza de los que existen en otros países como Gran Bretaña y Canadá? ¿Sabe qué grupos de la opinión pública están a favor, y quiénes en contra de este proyecto?

5. En los Estados Unidos casi siempre el farmacéutico nos entrega los medicamentos recetados por el médico sólo con el nombre del producto y la forma de usarlo. No nos da ninguna aclaración acerca de la fórmula del remedio, su dosis recomendada, los riesgos en tomarlo o las indicaciones sobre las dolencias que cura. ¿Cuáles cree que son las razones para esto? Está a favor o en contra de este secreto acerca de los medicamentos, cosa que no ocurre en otros países.

6. Comente las poesías de Quevedo, Caviedes o Mera.

Dioses y hombres

Respondió Dios a Moisés: —Yo soy el que soy.   *Éxodo*, 3,14

Esta frase de la Biblia presenta al Dios de una religión monoteísta. El judaísmo y el cristianismo reconocen la existencia de un solo dios, creador del universo quien, como leemos, se define en términos absolutos. En cambio, las creencias politeístas ofrecen una galería de deidades.

Los mitos e historias religiosas han sido siempre fuentes importantes para la creación artística y poética.

En esta Unidad que trata de las relaciones entre dioses y hombres consideraremos cuatro temas entre muchos posibles. Estos son: Dioses y leyendas de pueblos precolombinos; Temas de la mitología greco-romana en la obra de famosos pintores españoles; La historia de la creación del hombre; La historia del diluvio.

Dioses y leyendas de pueblos precolombinos

Tláloc, Museo Nacional de Antropología, México.

Comentario

La foto anterior muestra a Tláloc, dios de la lluvia entre los antiguos mexicanos (nahuas-aztecas). Los elementos y fenómenos naturales, especialmente aquéllos que afectan la vida humana en forma significativa, han sido en la mayoría de los pueblos materia favorable para el nacimiento de mitos y leyendas. El sol, los astros, la tierra, el mar, el rayo, el fuego, los terremotos, el viento, plantas, animales, y muchos otros entes o sucesos, con frecuencia aparecen divinizados o son el tema básico de un relato mitológico. Generalmente esto persigue dos fines: explicar o interpretar el fenómeno natural, o pedir la protección o beneficios de los dioses.

Los incas del Perú tenían una leyenda poética para explicar la lluvia, la nieve, el granizo, los truenos, relámpagos y rayos. Ésta cuenta que el Hacedor puso en el cielo a una doncella con un cántaro lleno de agua. Un hermano de ella quiebra el cántaro de vez en cuando, y esto produce los truenos, relámpagos y rayos. La doncella, con el agua del cántaro, es la encargada de hacer llover, nevar o granizar.

Los versos, según los traduce Garcilaso Inca de la Vega,[1] son los siguientes:

doncella maiden
aquese that one

cantarillo narrow-mouthed pitcher

aquesta this

tronar to thunder / **relampaguear** to flash with lightning

llover to rain

granizar to hail
nevar to snow

Viracocha *one of the names for the creator of the world*

Hermosa doncella°
Aquese° tu hermano
El tu cantarillo°
Lo está quebrantando, *freaking*
Y de aquesta° causa
Truena° y relampaguea,°
También caen rayos.
Tú, real doncella,
Tus muy lindas aguas
Nos darás lloviendo;°
También a las veces
Granizar° nos has,
Nevarás° asimismo.
El Hacedor del mundo,
El Dios que le anima,
El gran Viracocha,°
Para aqueste oficio
Ya te colocaron
Y te dieron alma.

Comentarios Reales,
Libro Segundo, Capítulo XXVII

EJERCICIO

1. Describa la escultura del dios Tláloc.

2. Con distintos nombres, el dios de la lluvia aparece en la mitología de todos los pueblos primitivos de Centroamérica. ¿Cuál cree que es la razón de la importancia que estas gentes concedían a la lluvia?

3. Comente esta afirmación: Para quien vive en una ciudad, la lluvia es completamente irrelevante.

4. ¿Conoce canciones populares modernas en las que se mencione a la lluvia?

---

[1] **Garcilaso Inca de la Vega** (1539–1616): Escritor peruano, hijo de un capitán español y de una princesa incaica. En sus obras mayores, *Comentarios Reales, Historia General del Perú,* trata de los lugares y sucesos de su tierra desde los orígenes legendarios hasta la llegada de los conquistadores españoles, y las luchas civiles que se sucedieron.

Himno de Manco Cápac

Viracocha,

el cimiento foundation

poderoso cimiento° del mundo,
Tú dispones:
«sea este varón,
sea esta mujer».
Señor de la fuente sagrada,
tú gobiernas
hasta el granizo.
¿Dónde estás—
como si no fuera
yo hijo tuyo—
arriba,
abajo,
en el intermedio
o en tu asiento de supremo juez?
Óyeme,
tú que permaneces
en el océano del cielo
y que también vives
en los mares de la tierra.
Gobierno del mundo,
creador del hombre.
Los señores y los príncipes

torpe dull

con sus torpes° ojos
quieren verte.
Mas cuando yo pueda ver,

alejar to move away

y conocer, y alejarme.°

Comentario

El anterior es un poema quechua en el que el autor anónimo invoca al dios supremo.

Los incas adoraban al Sol, como dios visible, pero, según nos explica Garcilaso Inca, también tenían la idea del creador del mundo a quien llamaban Pachacámac (aunque en algunas traducciones los historiadores españoles lo llaman Viracocha, como sucede en esta poesía). Garcilaso Inca comenta: «Pachacámac quiere decir el que da ánima al mundo universo, y en toda su propia y entera significación quiere decir el que hace con el universo lo que el ánima con el cuerpo.» (*Comentarios Reales*, Libro Segundo, Capítulo II).

Además de adorar al dios creador (Pachacámac), y al Sol, dios visible de quien descendían los incas de sangre real, existía entre ellos el mito del civilizador o redentor en la figura de Manco Cápac, y su mujer y hermana

Mama Ocllo Huaco. La historia es como sigue, según la cuenta al joven Garcilaso Inca un tío suyo, miembro de la familia real:

apiadarse to take pity / **tener lástima** to have compassion
doctrinar to instruct

labrar to till
las mieses fields of grain / **el ganado** livestock

—Nuestro Padre el Sol, viendo los hombres tales como te he dicho, se apiadó° y tuvo lástima° de ellos y envió del cielo a la tierra un hijo y una hija de los suyos para que los doctrinasen° en el conocimiento de Nuestro Padre el Sol, para que lo adorasen y tuviesen por su Dios y para que les diesen preceptos y leyes en que viviesen como hombres en razón y urbanidad, para que habitasen en casas y pueblos poblados, supiesen labrar° las tierras, cultivar las plantas y mieses,° criar los ganados° y gozar de ellos y de los frutos de la tierra como hombres racionales y no como bestias.

Comentarios Reales,
Libro Primero,
Capítulo XV

NÚCLEOS DE VOCABULARIO

PALABRAS ANÁLOGAS O SINÓNIMAS

Dios	*God*
el Señor	the Lord
el Creador	Creator
el Altísimo	Most High
el Ser Supremo	Supreme Being
el Padre Eterno	God Almighty

La humanidad	*humanity, mankind*
el género humano	humanity
los seres humanos	humanity, human beings

PALABRAS AFINES

el monoteísmo	monotheism
el politeísmo	polytheism
el panteísmo	pantheism
el paganismo	paganism
el cristianismo	Christianity
el judaísmo	Judaism
el islamismo	Islam
el budismo	Buddhism
la fe	faith
la creencia	belief
la religión	religion

la teología	theology
el culto	cult, worship
el misticismo	mysticism
el dogma	dogma
el sacerdote	priest, clergyman
el cura	parish priest
el ministro	clergyman
el rabino	rabbi
la iglesia	church
el templo	temple
el convento	convent
el monasterio	monastery
la mezquita	mosque
la sinagoga	synagogue
la pagoda	pagoda
el altar	altar
la capilla	chapel
el púlpito	pulpit
el brujo	sorcerer, wizard
el hechicero	sorcerer, wizard
la ofrenda	religious offering
la ceremonia	ceremony
el rito	rite, ceremony
el sacrificio	sacrifice, offering
el mito	myth
la mitología	mythology
la superstición	superstition
el ocultismo	occultism
la herejía	heresy
la deidad	deity
la divinidad	divinity
el demonio	demon
el diablo	devil
Satanás	Satan
el cielo	heaven
el olimpo	Olympus
los Campos Elíseos	Elysian Fields
el infierno	hell
el averno	Avernus, hell

ALGUNOS VERBOS RELACIONADOS CON EL TEMA

adorar   to adore, to worship
Adoraban a numerosos ídolos.

divinizar   to deify
Divinizaron a la serpiente y al águila.

crear   to create
Dios **creó** al hombre a su imagen y semejanza.

creer   to believe
Creían en la inmortalidad del alma.

salvar   to save
El héroe mitológico **salvó** al pueblo de la amenaza de sus enemigos.

condenar   to damn
El ángel rebelde **fue condenado.**

redimir   to redeem
Su sacrificio **redimió** a los cautivos.

orar   to pray
El monje **oró** por la salvación de su alma.

rezar   to pray
Las mujeres **rezaban** en silencio.

idolatrar   to idolize, to worship
El hechicero les enseñó a **idolatrar** a las bestias.

dogmatizar   to dogmatize
Dogmatizaron las palabras del profeta.

reverenciar   to venerate, to revere
La monja **reverenciaba** a sus superiores.

ofrendar   to present offerings
Los pobres campesinos **ofrendaron** los frutos de la cosecha.

oficiar   to officiate
El sacerdote **ofició** la misa.

rogar   to beg
Rogaban por el alma de sus muertos.

sacrificar   to sacrifice
Sacrificaron un cordero en el altar.

celebrar   to celebrate
Celebraron la fiesta del santo patrono.

convertir   to convert
Los misioneros **convirtieron** al cristianismo a los habitantes de esa región.

Temas de la mitología greco-romana en la obra de famosos pintores españoles

Si el Dios bíblico crea al hombre a su imagen y semejanza, los griegos, a la inversa, van a crear a sus dioses a imagen y semejanza del ser humano. Así, los dioses se equivocan; luchan entre sí; sufren penurias y dolores como los mortales, se mezclan con éstos, los favorecen o persiguen. Los romanos, en la mayoría de los casos, sólo cambiaron los nombres de los dioses griegos y mantuvieron intacta la leyenda.

Durante el Renacimiento, y especialmente en Italia, los artistas revisaron e ilustraron los mitos clásicos. En España la orientación más fuerte era hacia los temas religiosos cristianos, pero esto no impidió que muchas veces el pintor o escultor se inspirara en alguna de las historias antiguas.

A continuación daremos tres ejemplos de pinturas con tema mitológico.

Velázquez,[2] *Mercurio y Argos*. Museo del Prado, Madrid.

Comentario

En 1658, dos años antes de su muerte, Velázquez[2] pintó cuatro cuadros con escenas mitológicas. De éstos, *Mercurio y Argos* es el único que se salvó de un incendio ocurrido en 1734.

La historia cuenta que el padre de los dioses, Zeus (Júpiter), se había enamorado de una joven bellísima llamada Io. Para librarla de los celos de su mujer, Hera (Juno), Zeus transformó a Io en vaca o ternera. Pero Hera puso a Io bajo la vigilancia de Argos el que, según dice la leyenda, tenía

---

[2] **Diego Rodríguez de Silva y Velázquez** (1599–1660): Uno de los más grandes pintores españoles. Nació en Sevilla y pasó gran parte de su vida en Madrid, al servicio de Felipe IV. Pintó numerosos retratos del rey, su familia y cortesanos. Entre sus obras más importantes figuran *Las meninas, Las lanzas o la rendición de Breda,* y *Las hilanderas.*

cien ojos. Zeus pide a Hermes (Mercurio) que se la robe. Éste consigue dormir a Argos, y lo mata. Hera, para inmortalizar a Argos puso entonces sus ojos en la cola del pavo real.

EJERCICIO

1. Describa a los personajes de la pintura.
2. ¿Cómo pinta Velázquez a dioses y semidioses?
3. ¿Qué momento de la leyenda muestra este cuadro?

El Greco,[3] *Laocoonte*. National Gallery, Washington D.C.

Comentario

Laocoonte era un sacerdote del dios Apolo, en Troya. Cuando los griegos construyeron el famoso caballo de madera, con el que iban a introducirse

---

[3] **El Greco (Domenicos Theotocopoulos)** (1541–1614): Pintor nacido en la Isla de Creta. Residió por un tiempo en Italia, y por 1577 se radicó en Toledo, donde vivió hasta su muerte. Obras principales: *El Espolio, El entierro del Conde de Orgaz*, las series de los *Apóstoles*, el *Caballero de la mano al pecho*.

dentro de los muros de la ciudad, Laocoonte intentó en vano alertar a los troyanos acerca de esta estratagema. Es entonces cuando salen del mar dos serpientes enormes que atacan a sus dos hijos. Laocoonte trata de salvarlos, pero cae también víctima de las serpientes que ahogan y matan a los tres.

EJERCICIO

1. Marque las dos diagonales para determinar el centro del cuadro, e indique qué aparece en el centro. Trate de explicar el sentido de esta organización del cuadro.

2. ¿Cuántos personajes hay en la pintura, y quiénes son?

3. En el fondo se ve una ciudad que supuestamente debería ser Troya pero que en realidad es Toledo. Compare este fondo con otros en los cuadros del Greco.

4. ¿Además de los personajes, y la ciudad en el fondo, qué otros elementos importantes se ven en el lienzo?

La historia de la creación del hombre

Y vio Dios que lo hecho era bueno. Y por fin dijo: Hagamos al hombre a imagen y semejanza nuestra: y domine a los peces del mar, y a las aves del cielo, y a las bestias, y a toda la tierra, y a todo reptil que se mueve sobre la tierra. Crió, pues, Dios al hombre a imagen suya: a imagen de Dios le crió, los crió varón y hembra.

Génesis, 1, 26–27

Formó, pues, el Señor Dios al hombre del lodo de la tierra, e inspiróle en el rostro un soplo o espíritu de vida, y quedó hecho el hombre viviente con alma racional.

Génesis, 2, 7

Comentario

En el *Génesis* leemos que Dios creó al hombre y a la mujer a imagen suya y que los formó de barro. Aunque el hombre va a desobedecer a Dios y por lo tanto la criatura defrauda al creador, el acto de la creación en sí es definitivo, y en él no hay errores o repeticiones.

No ocurre lo mismo en otros relatos y cosmogonías. Por ejemplo, si leemos el *Popol-Vuh* que puede considerarse como la Biblia de los quichés,[4] hallamos que los dioses fracasan en los dos primeros intentos de creación del hombre. El objeto de esta creación era conseguir seres que fueran capaces de alabarlos. En el primer intento utilizan barro, como en el *Génesis:*

amontonarse to pile together / **ablandarse** to soften / **mojarse** to get wet
fundirse to melt
la vista sight / **velado** foggy
licuarse to melt

De tierra hicieron la carne. Vieron que aquello no estaba bien, sino que se caía, se amontonaba,° se ablandaba,° se mojaba,° se cambiaba en tierra, se fundía;° la cabeza no se movía; el rostro (quedábase vuelto) a un solo lado; la vista° estaba velada;° no podían mirar detrás de ellos; al principio hablaron pero sin sensatez. En seguida, aquello se licuó,° no se sostuvo en pie.

Popol-Vuh, 3

La segunda vez, construyen al hombre de madera:

el muñeco puppet, doll

la superficie surface
engendrar to beget

Al instante fueron hechos los maniquíes, los muñecos° construidos de madera; los hombres se produjeron, los hombres hablaron; existió la humanidad en la superficie° de la tierra. Vivieron, engendraron,° hicieron hijas, hicieron hijos, aquellos maniquíes, aquellos muñecos construidos de madera. No tenían ni ingenio ni sabiduría, ningún recuerdo de sus Constructores, de sus Formadores; andaban, caminaban sin objeto. No se acordaban de los Espíritus del Cielo; por eso decayeron.

Popol-Vuh, 3

Estos hombres sufrirán varios castigos, y serán destruidos. Por fin, los dioses quichés hallarán el elemento adecuado para formar al hombre: éste será el maíz, alimento básico de las antiguas civilizaciones centroamericanas:

He aquí que se conseguía al fin la substancia que debía entrar en la carne del hombre construido, del hombre formado; esto fue su sangre; esto se volvió la sangre del hombre; esta mazorca entró en fin en el hombre.

Popol-Vuh, 25

TEMAS DE DISCUSIÓN

1. Compare el simbolismo del barro y del maíz, en las historias de la creación del hombre.
2. ¿Hay fracasos semejantes en la acción de los dioses en la creación del hombre según la Biblia y según el *Popol-Vuh?*
3. Comente el hecho de que en el *Popol-Vuh* la creación del hombre tiene como objeto central disponer de seres que rindan adoración a los dioses.

---

[4] **Quichés:** Indios de lo que hoy es Guatemala y la península de Yucatán. Forman parte de la gran familia maya.

La historia del diluvio

*Destrucción del mundo por el agua
(Códice de Dresde).*

Comentario

La figura anterior pertenece a un manuscrito pictográfico maya y representa una escena del diluvio. En la parte superior, el cielo, se estira una serpiente. Ésta tiene en sus costados símbolos de las constelaciones y de su vientre cuelgan signos de los eclipses de sol y de luna. De estos signos, lo mismo que de su boca abierta, salen chorros de agua que van a inundar la tierra. En el centro de la pintura se dibuja la Diosa Anciana, patrona de la muerte y la destrucción. En la parte inferior, se ve al dios de la guerra.

El mito del diluvio universal es uno de los más difundidos, al extremo de que se mencionan más de quinientas versiones del mismo.

Los griegos hablaban de Deucalión quien, por consejo de su padre, Prometeo, construyó una embarcación en la que por nueve días y nueve noches sobrevivió junto con su mujer, Pirra, al diluvio que Zeus desencadenó sobre la tierra para exterminar a los mortales.

En la Biblia, el diluvio aparece en las primeras páginas del *Génesis:*

> Viendo, pues, Dios ser mucha la malicia de los hombres en la tierra, y que todos los pensamientos de su corazón se dirigían al mal continuamente, pesóle de haber criado al hombre en la tierra. Y penetrado su corazón de un íntimo dolor: Yo raeré,° dijo, de sobre la faz de la tierra al hombre, a quien crié, desde el hombre hasta los animales, desde el reptil hasta las aves del cielo: pues siento ya el haberlos hecho.   *Génesis*, 6, 5–7

raer to wipe out

> Entonces vino el diluvio por espacio de cuarenta días sobre la tierra: y crecieron las aguas e hicieron subir el arca muy alto sobre la tierra. Porque la inundación de las aguas fue grande en extremo: y ellas lo cubrieron todo en la superficie de la tierra; mientras tanto el arca ondeaba sobre las aguas.   *Génesis*, 7, 17–18

> Y destruyó todas las criaturas que vivían sobre la tierra, desde el hombre hasta las bestias, tanto los reptiles como las aves del cielo; y no quedó viviente en la tierra: sólo quedó Noé y los que estaban con él en el arca.   *Génesis*, 7, 23

En el área que abarcaba el imperio incaico se conservan varias leyendas del diluvio. Garcilaso Inca las menciona en forma general:

> Dicen que pasado el diluvio, del cual no saben dar más razón de decir que lo hubo, ni se entiende si fue el general del tiempo de Noé o algún otro particular, por lo cual dejaremos de decir lo que cuentan de él y de otras cosas semejantes, que de la manera que las dicen más parecen sueños o fábulas mal ordenadas que sucesos historiales; dicen, pues, que, cesadas las aguas, se apareció un hombre en Tiahuanacu . . .
> *Comentarios Reales*, Libro Primero, Capítulo XVIII

En el *Popol-Vuh*, el diluvio aparece como uno de los medios de exterminar a la generación de los hombres construidos de madera:

> En seguida llegó el fin, la pérdida, la destrucción, la muerte de aquellos maniquíes, muñecos construidos de madera. Entonces fue hinchada° la inundación por los Espíritus del Cielo, una gran inundación fue hecha; llegó por encima de las cabezas de aquellos maniquíes, muñecos construidos de madera.

hinchar to swell

> Y su muerte fue esto: fueron sumergidos; vino la inundación, vino del cielo una abundante resina.°

la resina resin, tree sap

triturar to crush

. . . fueron triturados,° fueron pulverizados, en castigo de sus rostros, porque no habían pensado ante sus Madres, ante sus Padres, los Espíritus del Cielo llamados Maestros Gigantes. A causa de esto se obscureció la faz de la tierra, comenzó la lluvia

tenebroso gloomy

tenebrosa,° lluvia de día, lluvia de noche. *Popol-Vuh*, 4

TEMAS DE DISCUSIÓN

1. Compare la historia del diluvio en la Biblia, en la mitología griega (Deucalión), y en el *Popol-Vuh*. Determine semejanzas y diferencias.
2. Dé su interpretación del diluvio como castigo del hombre que no reverencia a su creador.
3. ¿Es posible explicar la historia del diluvio universal sobre una base científica (geológica)?

VARIACIONES DE EXPRESIÓN

DE LA ORACIÓN SIMPLE A LA ORACIÓN COMPUESTA

Los incas del Perú **tenían** una leyenda poética para explicar la lluvia.

La anterior es una **oración simple** porque presenta un solo verbo en forma personal: **tenían**.

La leyenda **cuenta** que el Hacedor **puso** en el cielo a una doncella con un cántaro lleno de agua.

Esta última oración es **compuesta** porque aparecen dos verbos en forma personal: **cuenta** y **puso**. O sea que hay dos grupos sintácticos oracionales:

La leyenda **cuenta**	que el Hacedor **puso** en el cielo a una doncella con un cántaro lleno de agua.
1	2

ORACIÓN COMPUESTA

Si dijéramos: «La leyenda cuenta una hermosa historia», tendríamos una oración simple (un solo verbo en forma personal). «una hermosa historia», en la oración simple, se reemplaza por una subordinada: «que el Hacedor puso en el cielo a una doncella con un cántaro lleno de agua». Esta es una **subordinada sustantiva** porque reemplaza, en la oración compuesta, a un **sustantivo** (*historia*) en la oración simple.

Como vemos, la oración compuesta es una forma de expresión más elaborada y completa. En lugar de un sustantivo, un adjetivo, o un adverbio, como aparecen en la oración simple, en la oración compuesta podemos desarrollar las ideas en forma más clara y elocuente con subordinadas sustantivas, adjetivas o adverbiales.

Del texto de esta Unidad, tomemos algunos ejemplos:

Zeus **pide** a Hermes   un **favor.**
      verbo   sustantivo

ORACIÓN SIMPLE

Zeus **pide** a Hermes   que **robe** a Io.
     verbo   verbo

oración principal   *subordinada sustantiva*

ORACIÓN COMPUESTA

La leyenda incaica **cuenta**   la **historia** de la lluvia.
          verbo   sustantivo

ORACIÓN SIMPLE

La leyenda incaica **cuenta**   que el Hacedor **puso** en el cielo a una doncella.
           verbo   verbo

oración principal   *subordinada sustantiva*

ORACIÓN COMPUESTA

Y **destruyó** a todas las criaturas   **terrestres.**
  verbo   adjetivo

ORACIÓN SIMPLE

Y **destruyó** a todas las criaturas   que **vivían** sobre la tierra.
  verbo   verbo

oración principal   *subordinada adjetiva*

ORACIÓN COMPUESTA

El objeto de esta creación **es** conseguir seres   **reverentes.**
          verbo   adjetivo

ORACIÓN SIMPLE

El objeto de esta creación **es** conseguir seres   que **sean** capaces de alabar a los dioses.
          verbo   verbo

oración principal   *subordinada adjetiva*

ORACIÓN COMPUESTA

Entonces   Laocoonte **intentó** en vano alertar a los troyanos.
adverbio   verbo

ORACIÓN SIMPLE

Cuando los griegos **construyeron** el famoso
                verbo
  caballo de madera

subordinada adverbial

Laocoonte **intentó** en vano alertar a los
       verbo
  troyanos.

oración principal

ORACIÓN COMPUESTA

Allí   se **conservan** varias leyendas del diluvio.
adverbio   verbo

ORACIÓN SIMPLE

Donde **dominaban** los antiguos incas
     verbo
subordinada adverbial

se **conservan** varias leyendas del diluvio.
  verbo
oración principal

ORACIÓN COMPUESTA

PRÁCTICA

A. Cambie los verbos, de acuerdo con el cambio del sujeto:

Los hombres **divinizan** lo que no **comprenden.**
(Yo / El niño / Tú / Vosotros)

B. Escriba el verbo **creer** en el modo y tiempo indicados:

1. Ellos _____ en la inmortalidad del alma. (*M. Indicativo, Pretérito Imperfecto*)
2. Les pidió que _____ en la inmortalidad del alma. (*M. Subjuntivo, Pretérito Imperfecto*)
3. Les pide que _____ en la inmortalidad del alma. (*M. Subjuntivo, Presente*)

C. Defina, o explique con sus palabras, el significado de los siguientes vocablos: **mitología, altar.**

D. Use en una oración las siguientes expresiones o locuciones que aparecen en esta Unidad:

a la inversa   on the contrary
Si el Dios bíblico crea al hombre a su imagen y semejanza, los griegos, **a la inversa**, van a crear a sus dioses a imagen y semejanza del ser humano.

en vano   in vain
Laocoonte intentó **en vano** alertar a los troyanos.

por fin   at last, finally
Y **por fin** dijo: Hagamos al hombre a imagen y semejanza nuestra.

en seguida   immediately
En seguida, aquello se licuó, no se sostuvo en pie.

E. Modifique en todas las formas que pueda las siguientes oraciones, ya sea cambiando el vocabulario con el uso de palabras sinónimas o análogas, o cambiando el orden de los elementos sintácticos:

1. Los habitantes de ese lugar presentaban numerosas ofrendas al Creador.

2. El sacerdote de la tribu estaba en el templo, rogando por la protección de su pueblo.

COMPOSICIÓN DIRIGIDA

Zurbarán, *Lucha de Hércules con la hidra de Lerna*. Museo del Prado, Madrid.

Tareas

1. Busque en una enciclopedia, o libro de arte, datos sobre *Francisco de Zurbarán:*

    a) época en que vivió

    b) características de su pintura

    c) títulos de algunas de las obras más importantes.

2. Busque en una enciclopedia, o libro sobre mitología griega, información sobre Hércules o Heracles:

    a) ¿Quién fue Hércules?

    b) ¿Cuáles fueron los doce trabajos que realizó?

    c) ¿Cómo fue el trabajo con la hidra de Lerna?

3. Observe detenidamente la pintura.

    a) Describa la escena.
    b) Describa a los personajes que aparecen en ella.
    c) Comente la técnica pictórica utilizada por el artista.

A continuación, organice su composición sobre la base de los tres temas que ha investigado anteriormente: 1) *Autor:* Francisco de Zurbarán. 2) *Tema mitológico:* los trabajos de Hércules. 3) *Descripción* de la pintura.

TEMAS DE COMENTARIO ORAL O ESCRITO

1. Tome de cualquiera de las mitologías que conozca (griega, romana, germana, africanas, indígenas americanas, etc.) la historia de alguna divinidad relacionada con fenómenos naturales, y narre y explique la leyenda.

2. Mencione obras literarias y musicales que tengan como tema sucesos y personajes mitológicos.

3. Elija una pintura o escultura que presente a algún dios de la mitología greco-romana, mencione y dé un breve comentario acerca del autor (si éste es conocido) y describa la obra.

4. Analice y comente el «Himno de Manco Cápac».

5. Dé su opinión acerca de los relatos de las religiones precolombinas. ¿Le parecen realistas, poéticos, simbólicos, metafísicos?

6. Describa y dé su opinión acerca del dibujo maya con el tema del diluvio.

Comunicaciones

Comunicarse: «Conversar, tratar con alguno de palabra o por escrito»
Diccionario de la Real Academia Española

Comentario

De acuerdo con la definición anterior, la acción de comunicarse se define como algo natural y casi ineludible en el ser humano. De hecho lo es, especialmente si consideramos al hombre como un animal social, o sea alguien que vive integrado en un grupo o comunidad para lo cual tiene que empezar por comunicarse con los miembros de ese grupo. Pero en la sociedad contemporánea, muchas veces oímos hablar de lo opuesto, del problema de la «falta de comunicación», con lo que se alude en especial a las dificultades para relacionarse con otros en forma positiva. En ocasiones se precisa el tipo de incomunicación, por ejemplo, incomunicación entre padres e hijos, entre gobernantes y gobernados, entre marido y mujer. El hecho de este aislamiento, incapacidad o limitaciones en el trato aparece muy extendido y quizás surge en las bases mismas del sistema de relación de nuestra sociedad.

En esta Unidad discutiremos el tema de las comunicaciones en sus distintas formas y posibilidades.

PREGUNTAS   Conteste las siguientes preguntas sobre la fotografía:

1. ¿Cuántos personajes aparecen en la foto?
2. ¿Quiénes son?
3. ¿Qué hacen?
4. ¿Dónde están?

TEMAS DE DISCUSIÓN

1. La conversación es la forma más común y frecuente de comunicarse. La etimología del verbo *conversar* indica que viene del latín: *cum:* con, y *versare:* dar vueltas. Comente el sentido de esta etimología.

2. A veces se habla del «arte de conversar», y otras del «vicio de conversar»¿ Qué calificación le parece más apropiada? ¿Cómo juzga usted el acto de conversar?

3. En general, los hispanos gustan de conversar, y practican esta actividad en forma más activa o evidente que los norteamericanos. Comente esta opinión.

Explicación

En la fotografía anterior vemos a una mujer echando cartas en el buzón de correo aéreo. Cuando estamos lejos de aquéllos con quienes queremos comunicarnos, podemos resolver el problema escribiendo una carta. En el presente existen otros medios de comunicación como el teléfono y el telégrafo que son más rápidos y directos. Pero en muchos sentidos, las cartas y mensajes escritos siguen manteniendo su primacía para comunicarse cuando no es posible hacerlo directamente.

NÚCLEOS DE VOCABULARIO

PALABRAS ANÁLOGAS O SINÓNIMAS

la conversación	*conversation*
la charla	chat, talk
la plática	talk, chat
el coloquio	colloquy, talk
la *carta*	*letter*
la epístola	epistle, formal letter
la misiva	missive, letter
la esquela	note, short letter
el billete	note, short letter
la tarjeta postal	post card
el sello (de correos)	*postage stamp*
la estampilla	postage stamp
el franqueo	postage

PALABRAS AFINES

el sobre	envelope
la dirección	address
el, la remitente	sender
el destinatario, la destinataria	addressee
la posdata	postscript
la correspondencia	correspondence
el envío	remittance
el mensaje	message
el recado	message
el impreso	printed matter
la encomienda	parcel
el paquete	package
el expreso	special delivery
el correo certificado	registered mail
el correo aéreo	air mail
el correo	mail, post office
la oficina de correos	post office
la estafeta	post office, courier
el apartado de correos	post office box
el cartero	mailman
el mensajero	messenger, carrier
el mandadero	messenger, errand boy
el buzón	mailbox

el teléfono	telephone
el, la telefonista	telephonist
el operador, la operadora	operator
el auricular	telephone receiver
la comunicación	communication, telephone connection
la llamada	call, phone call
la línea telefónica	telephone line
la central telefónica	telephone exchange
la cabina telefónica	telephone booth
la guía telefónica	telephone book
el telégrafo	telegraph
el, la telegrafista	telegraphist
el telegrama	telegram
el teletipo	teletype machine
el transmisor	transmitter

ALGUNOS VERBOS RELACIONADOS CON EL TEMA

hablar   to talk
Habló con varias personas para resolver el problema.

escribir   to write
Susana está **escribiendo** una carta a su hermana.

responder   to answer
El senador **respondía** a todas las preguntas de su electorado.

recibir   to receive
Recibiste la buena noticia en el momento oportuno.

acusar recibo   to acknowledge the receipt
Con mucha demora, **acusó recibo** de mi carta.

telegrafiar   to telegraph, to cable
Telegrafiaron la información a las principales ciudades.

telefonear   to telephone
A veces, lo más efectivo es **telefonear.**

llamar por teléfono   to telephone, to phone
Lo **llamé por teléfono** a la mañana siguiente.

cartearse   to correspond, to exchange letters
Mi amiga y yo **nos carteamos** con frecuencia.

enviar   to send
Enviamos los paquetes por correo.

mandar   to send
No me **mandaste** la información.

remitir   to send, to forward
Le **remitieron** la revista a su casa.

conversar   to converse, to chat, to talk
Conversó con el enfermo para ayudarlo.

charlar   to chat, to prate
Los dos amigos **charlaban** en el medio de la calle.

platicar   to talk, to converse
Se reunían para **platicar** una vez por semana.

contestar   to answer
Debes **contestar** por escrito a esa demanda.

repartir   to distribute
El cartero **repartió** la correspondencia esta mañana.

instalar   to install
Instalaron dos aparatos telefónicos.

transmitir   to broadcast, to transmit
Esa estación de radio **transmite** buenos programas musicales.

dictar   to dictate
El gerente **dictó** una carta al secretario.

marcar (en el teléfono)   to dial
Pensé que **había marcado** el número correcto.

Forma de comunicación: carta

Carta: «Papel escrito, y ordinariamente cerrado, que una persona envía a otra para comunicarse con ella.»

PREGUNTAS PARA LA DISCUSIÓN

1. ¿Cree que la definición anterior es correcta? ¿Cómo explicaría usted qué es una carta?
2. Haga una lista de distintos tipos de cartas. Por ejemplo: cartas de amor; cartas de negocios; cartas familiares o amistosas, etc.
3. ¿Escribe cartas con frecuencia? ¿De qué tipo, y a quiénes?

Las distintas etapas de una carta

Si partimos de la definición de **carta** como un papel escrito que una persona envía a otra, podemos analizar los pasos en que se realiza este proceso.

Primero hay que escribirla, o sea cumplir el trabajo intelectual de redactarla y el físico o material de organizarla en un papel. Para esto último, podemos hacer algunas observaciones prácticas en cuanto a la forma habitual de disponer las partes de una carta.

Disposición gráfica y partes de una carta

La estructura de una carta puede dividirse en tres partes: 1) *Encabezamiento;* 2) *Cuerpo o contenido;* 3) *Saludo.*

1. El *encabezamiento* comprende: a) el lugar y la fecha en que se escribe, b) el nombre de la persona a quien va dirigida la carta, c) el tratamiento que impone la amistad, familiaridad o el conocimiento de ella.

   a) *Lugar y fecha:*   Sacramento, 14 de agosto de 1978
   Granada, 8 de abril de 1914
   Granada, abril 8, 1914

   b) *Nombre* de la persona a quien va dirigida. En las cartas familiares o de una relación amistosa muy próxima, estos datos se omiten. En el caso de una relación profesional, se coloca el título y la posición que el destinatario ocupa y, a veces, el lugar de su residencia. Por ejemplo:

   Señor Rector de la Universidad Nacional Mayor de San Marcos
   Dr. Luis Alberto Sánchez
   Lima, Perú

   c) *Tratamiento:* varía según el grado de afecto y el tipo de relación amistosa o jerárquica profesional.

   Tratamiento formal
   Distinguido doctor:
   Distinguido señor:
   De mi consideración:

   Tratamiento formal-amistoso
   Estimado doctor:
   Estimado profesor:
   Apreciado amigo:

   Tratamiento familiar, amistoso
   Querido hermano:
   Mi querido hermano:
   Querida amiga:
   Mi querida Alicia:
   Mi muy querida amiga:
   Queridísima amiga:

2. *Cuerpo o contenido:* Es aconsejable una organización gráfica que favorezca la mejor lectura de la carta.

3. *Saludo:* el tono de esta parte también depende del nivel amistoso-familiar, o formal, en el que está escrita la carta.

   Saludo formal
   Lo (La) saludo atentamente.
   Muy atentamente. (Muy atte.)
   Atentamente. (Atte.)
   Lo (La) saludo con toda consideración.
   Lo (La) saludo con mi consideración
     más distinguida.
   Lo (La) saludo con el mayor respeto.

   Saludo familiar o amistoso
   Adiós. Un abrazo fuerte.
   Recibe un fuerte abrazo.
   Todo mi cariño.
   Mi saludo más afectuoso.

Por fin, si hemos omitido algo en el cuerpo de la carta, podemos agregarlo como Posdata (P.D.), o Post scriptum (P.S.). De manera que el esquema gráfico de una carta sería como sigue:

Business

person receiving a letter

address of person sending letter

a) Lugar, fecha

b) Nombre
   Título o posición
   Lugar de residencia

c) Tratamiento — *Greeting (?)*,

1
Encabezamiento
Heading

———————————————
———————————————
———————————————
—————————
———————————————

2
Cuerpo

Saludo
Firma

3
Saludo

P.D.

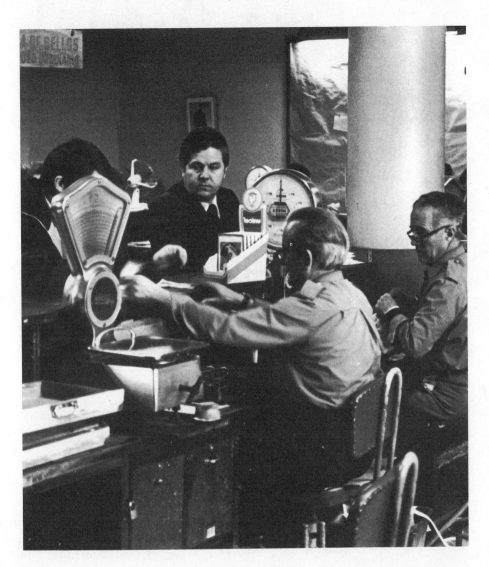

La etapa que sigue después de escribir una carta es la de ponerla en el correo. Las fotos anteriores muestran el exterior e interior de una oficina de correos.

PREGUNTAS   Conteste las siguientes preguntas sobre las fotografías:

1. ¿En qué lugar están tomadas las fotos?
2. ¿Cuántos personajes aparecen en cada una?
3. ¿Quiénes son?
4. ¿Qué hacen?
5. Describa elementos materiales que aparezcan en las fotografías.

Comentario

Una vez que la carta ha sido enviada por el correo al lugar de destino, la última etapa es hacerla llegar a manos del destinatario. El encargado de cumplir esta tarea es uno de los personajes más familiares en cualquier lugar o cultura: el cartero.

PREGUNTAS

Conteste las siguientes preguntas sobre la fotografía:

1. Describa el uniforme del cartero que aparece en la fotografía. Compárelo con la vestimenta de los carteros en los Estados Unidos.

2. ¿Cómo ve al cartero que le lleva su correspondencia? ¿Le resulta simpático? ¿Siempre lo espera con ansiedad para recibir las noticias?

3. Comente esta afirmación: El cartero es quien da un toque humano al proceso mecánico de la distribución de la correspondencia.

4. ¿Cree que el trabajo del cartero es fácil o difícil? ¿peligroso o inocuo? ¿divertido o aburrido?

Esta fotografía presenta en primer plano a una muchacha hablando por teléfono.

PREGUNTAS   Conteste las siguientes preguntas sobre la fotografía:

1. ¿Cuántos personajes aparecen? ¿Quiénes y cómo son?

2. ¿En qué lugar se ha tomado la fotografía? Haga una lista de todos los objetos que pueda reconocer en la foto.

3. La joven de la fotografía está cumpliendo dos actividades. Una es la de hablar por teléfono. ¿Cuál es la otra? Describa esta última actividad.

4. ¿Cuántas veces por día habla usted por teléfono? ¿Cuál es el promedio de la duración de sus conversaciones telefónicas? ¿Con quiénes habla con más frecuencia?

Cómo buscar un nombre en una guía telefónica en español

Para buscar un nombre en una guía telefónica, lo mismo que para buscar cualquier palabra en un diccionario español, es necesario recordar ante todo las diferencias entre el alfabeto inglés, con veintiséis letras, y el español, con veintinueve, dado que éste tiene como letras independientes la *ch, ll,* y *ñ,* las que no existen como tales en inglés. De esta manera, en el diccionario o guía en español el nombre *Cuba* aparecerá antes que *Chile;* las palabras *llama* o *llano* después de *local* o cualquier otra palabra que se inicie con *l;* y vocablos como *ñandú* o *ñoño* deben buscarse bajo la letra *ñ,* que se ordena después de haber terminado la lista de palabras que comienzan con *n.*

Las normas generales para organizar listas de nombres en una guía telefónica (lo mismo que para nombres de autor en un índice al final de un libro, o en el catálogo general de una biblioteca) son las siguientes:

1. Se escribe primero el apellido, luego los nombres:

     Aguirre, Luis
     Montes, Juana
     Solano, Alberto

2. Los apellidos compuestos se ordenan por el primer apellido:

     Bioy Casares, Adolfo
     Henríquez Ureña, Pedro
     Menéndez y Pelayo, Marcelino
     Zorrilla de San Martín, Juan

3. En los apellidos que llevan las partículas *de, del, de la* y *de los* con minúscula, éstas se colocan detrás del nombre:

     Corral, Pedro del
     Ríos, Fernando de los
     Riva Agüero, José de la
     Torre, Guillermo de

4. Las partículas con mayúscula, que generalmente provienen de apellidos de origen italiano, francés o portugués, se colocan delante del apellido:

     Da Rosa, Julio
     Dell'Orto, María
     D'Halmar, Augusto
     Du Bellay, Joaquín

5. Los nombres de las mujeres casadas se ordenan por el apellido de soltera:

     Lida de Malkiel, María Rosa
     Mansilla de García, Eduarda

Nota: En español, la mujer casada conserva su apellido de soltera, y los hijos pueden usar el apellido de la madre como segundo apellido. Por ejemplo, si Isabel Rodríguez se casa con Juan Sánchez, se llamará Isabel Rodríguez de Sánchez; y su hijo Manuel, Manuel Sánchez, o Manuel Sánchez Rodríguez.

VARIACIONES DE EXPRESIÓN

DE LA ORACIÓN SIMPLE A LA ORACIÓN COMPUESTA:
SUBORDINADAS SUSTANTIVAS

objeto directo

Jorge **recordaba**   los **sucesos** de aquella noche.
    verbo   sustantivo

ORACIÓN SIMPLE

El concepto que encierra esta oración simple puede expresarse en forma más clara con una oración compuesta integrada por una principal y una subordinada sustantiva:

Jorge **recordaba**   que aquella noche **ocurrieron** varios hechos importantes para su futuro.
    verbo   verbo

oración principal   *subordinada sustantiva*

ORACIÓN COMPUESTA

Las subordinadas sustantivas están encabezadas generalmente por la conjunción **que** a la que se denomina **que anunciativo**. Este **que** puede estar precedido por una preposición: **de, a, para.** Los verbos más comunes para introducir este tipo de subordinadas son: **decir, pensar, contar, relatar, informar, explicar, manifestar, saber, recordar, sentir, lamentar, querer, ordenar, comprender, entender,** etc.

Demos algunos ejemplos de oraciones simples, y luego reemplacemos en ellas al sustantivo por una subordinada sustantiva:

Oración simple	*Oración compuesta*

Fue inútil tu **preocupación** para ayudarlo.   Fue inútil **que te preocuparas por ayudar al pobre**
      sustantivo   **hombre.**
                                                                 subordinada sustantiva

Es evidente la **pobreza** de la comarca.   Es evidente **que todos los pobladores de la**
      sustantivo   **comarca viven en la mayor pobreza.**
                                                                 subordinada sustantiva

Parece un **mendigo.**   Parece **que ese hombre es un pobre mendigo.**
    sustantivo   *subordinada sustantiva*

Oración simple	*Oración compuesta*

Oración simple

El ladrón explicó su **delito.**
sustantivo

Oración compuesta

El ladrón explicó **que habia robado dinero en varios bancos.**

subordinada sustantiva

Pedro lamentaba sus **desgracias.**
sustantivo

Pedro lamentaba **que le hubieran ocurrido tantas desgracias y contratiempos.**

subordinada sustantiva

El capitán ordenó el **ataque.**
sustantivo

El capitán ordenó **que iniciaran el ataque contra el enemigo a la mañana siguiente.**

subordinada sustantiva

Era tarde para la **discusión** del proyecto.
sustantivo

Era tarde **para que los senadores discutieran la conveniencia del proyecto.**

subordinada sustantiva

Tenía el convencimiento de su **poder.**
sustantivo

Tenía el convencimiento **de que él podía dominar a los otros.**

subordinada sustantiva

PRÁCTICA

A. Cambie los verbos, de acuerdo con el cambio del sujeto:

Tú **recibiste** la buena noticia cuando la **necesitabas.**
(Yo / Jorge / Susana y Rodolfo / Clara, Patricia y yo)

B. Escriba el verbo **iniciar** en el modo y tiempo indicados:

1. El capitán ordenó que los soldados _____ el ataque. (*M. Subjuntivo, Pretérito Imperfecto*)
2. El capitán explicó que los soldados _____ el ataque ayer. (*M. Indicativo, Pretérito Indefinido*)
3. El capitán ordena que los soldados _____ el ataque. (*M. Subjuntivo, Presente*)

C. Defina, o explique con sus palabras, el significado de los siguientes vocablos: **teléfono, buzón.**

D. Use en una oración las siguientes expresiones o locuciones que aparecen en esta Unidad:

por escrito   in writing
Tratar con alguno de palabra o **por escrito.**

de hecho   in fact, as a matter of fact
De hecho lo es, especialmente si consideramos al hombre como un animal social.

acusar recibo   to acknowledge the receipt
Con mucha demora, **acusó recibo** de mi carta.

dado que   so long as, considering that
El alfabeto inglés tiene veintiséis letras y el español veintinueve, **dado que** éste último tiene como letras independientes la *ch, ll,* y *ñ,* las que no existen como tales en inglés.

E.   Modifique en todas las formas que pueda las siguientes oraciones, ya sea combiando el vocabulario con el uso de palabras sinónimas o análogas, o cambiando el orden de los elementos sintácticos:

1.   Durante varias horas, el hombre estuvo escribiendo una larga carta con consejos para su amigo de la infancia.
2.   Desde la oficina central de correos, la muchacha envió a su familia un paquete con regalos.

COMPOSICIÓN DIRIGIDA

Sugerencias para organizar la composición

1.   Observe detenidamente la fotografía, y describa lo que ve en ella, con especial atención en:

número de personajes
lugar donde se desarrolla la escena
elementos materiales que aparecen en la foto
letreros y anuncios

2. Ponga un nombre a la muchacha que está en la cabina telefónica; imagine con quién va a hablar, y el diálogo subsiguiente.

3. Suponga un final de la charla telefónica. Describa la actitud de la muchacha y de los otros personajes, especialmente el joven que está al lado de ella.

Sobre la base de los comentarios anteriores, organice su composición.

TEMAS DE COMENTARIO ORAL O ESCRITO

1. ¿Cree que hay una falta de comunicación entre los jóvenes y los viejos? ¿Con quiénes se relaciona usted mejor: con gente de su misma edad, mayores o menores que usted?

2. Escriba una carta a un amigo comunicándole que se ha mudado, y dándole su nueva dirección.

3. Escriba una carta imaginaria a algún personaje famoso, del pasado o del presente.

4. ¿Le parece deseable inventar un procedimiento o mecanismo para que la correspondencia llegue a nuestras manos sin necesidad del cartero?

5. Dé su opinión sobre el teléfono como medio de comunicación. ¿Es eficaz, superior a otras formas, peligroso, equívoco?

6. Busque en un diccionario enciclopédico en español noticias sobre Samuel Morse y Guillermo Marconi, y con esa información escriba una composición breve sobre la invención del telégrafo.

Autoridad y leyes

—Señor—replicó Sancho—, yo imagino que es bueno mandar, aunque sea a un hato de ganado.

Capítulo XLII, de la Segunda parte
de *Don Quijote de la Mancha*, de
Miguel de Cervantes Saavedra.[1]

tantear to consider carefully

la aljaba quiver

dar con. . . al través to destroy
dar con. . . al través to get rid of
the responsibility

En resolución, en este tiempo yo he tanteado° las cargas que trae consigo, y las obligaciones, el gobernar, y he hallado por mi cuenta que no las podrán llevar mis hombros, ni son peso de mis costillas, ni flechas de mi aljaba;° y así, antes que diese conmigo al través° el gobierno, he querido yo dar con el gobierno al través,° y ayer de mañana dejé la ínsula como la hallé: con las mismas calles, casas y tejados que tenía cuando entré en ella.

Capítulo LV de la Segunda parte
de *Don Quijote de la Mancha*.

Comentario

Las dos citas anteriores marcan el comienzo y el fin de la experiencia de gobierno de Sancho Panza.

En estos capítulos de su famosa novela, Cervantes cuenta que los duques con quienes se habían encontrado Don Quijote y su escudero conceden a Sancho la gobernación de una supuesta isla Barataria. Todo es en realidad una tramoya de los duques y sus cortesanos, quienes se divierten con los desvaríos del caballero andante y la simplicidad de su criado.

A los pocos días, después de algunas aventuras y sucesos urdidos por los duques y, sobre todo, después de sobrevivir a la dieta que le imponía el médico de la corte, el bueno de Sancho decide que él no ha nacido para ser gobernador y que, en realidad, es más feliz sin serlo.

**PREGUNTAS
PARA LA
DISCUSIÓN**

1. ¿Piensa que la ambición de mando es algo natural en el ser humano?

2. ¿Coincide con la opinión inicial de Sancho de que no importa a quién se manda sino que lo importante es el hecho de obtener el poder?

3. ¿En general, cuál es su opinión sobre los políticos? ¿Cree que cumplen una función necesaria en la sociedad? ¿Piensa que la mayoría son honestos y veraces, o cree lo contrario?

NÚCLEOS DE VOCABULARIO

PALABRAS ANÁLOGAS O SINÓNIMAS

la ley	*law*
la regla	rule
la norma	norm, rule

---

[1] Ver Nota 2 en la Unidad *La mentira y el engaño.*

el precepto	precept
el mandato	mandate
la ordenanza	order, law, ordinance
el orden	order
el estatuto	statute
el código	code
el decreto	decree
el edicto	edict

el, la juez	*judge*
el magistrado	magistrate
el árbitro	arbiter

el abogado, la abogada	*lawyer*
el jurista	jurist, legal scholar
el letrado, la letrada	lawyer, counselor
el licenciado, la licenciada	lawyer, licenciate
el procurador, la procuradora	attorney

el documento	*document*
el escrito	document, writ, brief
el papel	document
el pliego	sheet of paper, document
el expediente	file of papers bearing on a case

la sentencia	*sentence, verdict*
el fallo	judgment, verdict
el veredicto	verdict

PALABRAS AFINES

el gobierno	government
la administración	administration
la autoridad	authority
el mando	power, dominion
el dominio	dominion
la justicia	justice
el derecho	law

el despacho	office
el bufete	lawyer's office
los honorarios	honorarium, fee paid to lawyer
el, la cliente	client

el protocolo	judicial record, protocol
el registro	record

la escritura	deed
el sello	seal
el notario	notary
el secretario, la secretaria	secretary

el tribunal	tribunal
el juicio	trial
el juzgado	court of justice
el jurado	jury
el fiscal	district attorney, public prosecutor
el defensor, la defensora	counsel for the defense
el acusado, la acusada	defendant
el, la testigo	witness
la absolución	acquittal
la condena	sentence
el crimen	crime
la acusación	accusation
la prueba	proof, evidence
el testimonio	testimony

ALGUNOS VERBOS RELACIONADOS CON EL TEMA

gobernar   to rule, to govern
Sancho **gobernó** la isla Barataria.

mandar   to command, to direct
El rey **mandaba** cumplir sus órdenes con severidad.

administrar   to administer
En ese país, el presidente **administraba** los negocios públicos.

dirigir   to lead, to direct
Dirigió a sus súbditos hacia la victoria.

regir   to rule, to govern
El sultán **regía** una vasta comarca.

legislar   to legislate
Los senadores romanos **legislaban** con sabiduría.

juzgar   to judge
Juzgaron a varios criminales.

dictar sentencia   to pronounce sentence
El juez de la Corte Suprema **dictó la sentencia** final.

sancionar   to sanction, to authorize, to ratify
Sancionaron una nueva constitución.

promulgar   to promulgate, to proclaim
Ese año, **promulgaron** tres leyes importantes.

derogar   to revoke, to repeal, to abolish
Derogaron la ordenanza injusta.

aplicar to apply
Los jueces deben **aplicar** las leyes en forma razonable.

castigar to punish
Castigaron al asesino con la pena máxima.

perdonar to pardon
El gobernador **perdonó** al condenado a muerte.

expiar to expiate, to atone for
Debes **expiar** tu culpa.

autorizar to authorize, to legalize
La abogada **autorizó** el documento.

legalizar to legalize
El notario **legalizó** las copias del contrato.

certificar to certify
El abogado **certificó** mi firma.

documentar to document
Documentaste tu investigación en forma apropiada.

archivar to file
Archivamos los escritos que no se necesitaban para el juicio.

asesorar to advise
El abogado **asesoró** a su cliente.

---

provechoso beneficial

. . . y aunque pensaba hacer algunas ordenanzas provechosas,° no hice ninguna, temeroso que no se habían de guardar. . .

Capítulo LV, de la Segunda parte
de *Don Quijote de la Mancha.*

LAS LEYES

el escarabajo beetle
la recopilación compilation

El escarabajo° estudiaba, durante horas enteras, una recopilación° de leyes.
—Al fin las conozco todas.
—Ahora podrás cumplirlas—le dijo el gorrión.°
—No seas iluso.° ¿Quién estudia las leyes para cumplirlas? Yo las quería conocer bien, así sé cómo eludirlas.°

el gorrión sparrow
iluso deluded
eludir to elude

Fábulas para un martes 13,
Gotardo Croce[2]

Comentario

El primer texto pertenece al mismo capítulo del *Quijote* citado en páginas anteriores, y completa las declaraciones de Sancho Panza cuando decide abandonar el gobierno de la isla Barataria. Aquí Sancho explica que aunque

---

[2] **Gotardo Croce:** Fabulista argentino contemporáneo.

había tenido la intención de dictar leyes benéficas, no cumplió su propósito por el temor de que la gente no iba a observarlas.

«Las leyes» es una fábula en la que los personajes animales—el escarabajo y el gorrión—discuten el mismo tema: el respeto o el desconocimiento de la ley.

PREGUNTAS PARA LA DISCUSIÓN

1. ¿Observa usted todas las leyes? ¿Incluso las leyes de tráfico como la de no manejar a velocidad mayor de 55 millas por hora?

2. ¿Cree que hay leyes más importantes que otras? Dé ejemplos.

3. ¿Cree que hay leyes injustas o superficiales, y se considera eximido de cumplir tales leyes? Dé ejemplos.

José Clemente Orozco,[3] *La Injusticia entre el pueblo.* Palacio de Justicia de la Nación, México.

PREGUNTAS

Conteste las siguientes preguntas sobre la pintura.

1. ¿Cuántos personajes hay en la pintura?

2. ¿Hay alguno que representa a la Justicia? ¿Cómo aparece?

---

[3] **José Clemente Orozco:** Ver Nota 5 en la Unidad *Guerras y soldados.*

3. ¿Hay alguna figura que representa a la Injusticia? ¿Cómo aparece ésta?

4. ¿Qué hacen los otros personajes?

5. Describa los elementos de la mitad superior, y los de la mitad inferior de la obra.

Juicios, jueces y abogados

José Guadalupe Posada,[4] *Jurado*.

EJERCICIO

1. Observe detenidamente el grabado e identifique a los personajes de acuerdo con sus funciones:

   juez   acusado o acusados
   abogados   guardianes
   miembros del jurado   público

2. Describa la sala del tribunal.

3. Describa la actitud de los personajes y trate de decidir qué momento en el proceso muestra esta escena (por ejemplo, si es el comienzo del juicio, el momento en que se va a dictar la sentencia, etc.)

---

[4] **José Guadalupe Posada** (1852–1913): Dibujante y grabador mexicano. Su obra presenta una galería de personajes y escenas populares de la vida de México.

José Guadalupe Posada, *Un sentenciado en capilla*.

Comentario

Según explica el título del dibujo, aquí vemos a un condenado a muerte quien espera el momento de su ejecución. Que está «en capilla» significa que ya se le ha notificado su sentencia de muerte, y que hasta ser ajusticiado lo tienen prisionero en una sala de la cárcel dispuesta como capilla (en este grabado, a la derecha, se ve un altar y una imagen religiosa). En el ángulo inferior derecho se muestra la escena del fusilamiento del prisionero.

EJERCICIO

1. Describa la pieza donde está el prisionero.

2. Describa a los personajes y objetos que están en la pieza.

3. Imagine una historia para este condenado: quién es; cuál fue su delito; qué está pensando en ese momento; si finalmente morirá frente al pelotón de fusilamiento, o si lo perdonarán a último momento

. . . y le suplicamos que no enviase letrados, porque en entrando en la tierra la pondrían en revuelta con sus libros, y habría pleitos y disensiones.

Capítulo CLIX de la *Historia verdadera de la conquista de la Nueva España*, de Bernal Díaz del Castillo.[5]

Comentario

Según nos cuenta Bernal, el párrafo anterior pertenece a una carta que Hernán Cortés y sus capitanes y soldados remitieron al rey de España para solicitarle que atendiera en debida forma a las necesidades de la conquista de México.

Bernal explica que en esta carta rogaban al monarca que les enviara obispos y sacerdotes, beneficios reales en pago por los buenos servicios que habían prestado a la corona, y que diera a Cortés la gobernación de México. En cambio, pedían expresamente que no mandara abogados o letrados porque éstos traerían consigo toda clase de problemas.

PREGUNTAS PARA LA DISCUSIÓN

1. ¿Coincide con la idea de Bernal y los soldados de Cortés de que los abogados son los que arman los pleitos, no los que los resuelven?

2. ¿Cuál es su opinión acerca de los abogados en los Estados Unidos?

3. ¿Tiene confianza en la justicia, el proceso legal y quienes lo administran—jueces, tribunales?

4. ¿Está a favor o en contra de la pena capital?

VARIACIONES DE EXPRESIÓN

DE LA ORACIÓN SIMPLE A LA ORACIÓN COMPUESTA: SUBORDINADAS ADJETIVAS

Sancho **pensaba** hacer algunas ordenanzas **provechosas.**
    verbo   adjetivo
ORACIÓN SIMPLE

El concepto que encierra esta oración simple puede expresarse en forma más clara con una oración compuesta integrada por una principal y una subordinada adjetiva.

Sancho **pensaba** hacer algunas   que **beneficiaran** a la gente
    verbo   verbo
ordenanzas   del pueblo.
    oración principal   *subordinada adjetiva*
ORACIÓN COMPUESTA

---

[5] **Bernal Díaz Del Castillo** (1496–1581?): Soldado en el ejército de Hernán Cortés, escribió la *Historia verdadera de la conquista de la Nueva España*, una de las mejores y más amenas crónicas de las luchas y colonización del Nuevo Mundo.

Las subordinadas adjetivas van encabezadas por un pronombre relativo, y por eso también se denominan *subordinadas adjetivas o de relativo.*

Los pronombres relativos son: **que, quien, cual, cuyo,** con sus variantes (**el que, la que, lo que, los que, las que, quien, quienes, el cual, la cual, lo cual, los cuales, las cuales, cuyo, cuya, cuyos, cuyas**). El relativo se relaciona con su antecedente en la oración principal:

Cortés envió al pueblo a varios **soldados, quienes** volvieron al poco

                         antecedente   relativo

tiempo.

El relativo **que** se emplea con antecedente de persona o cosa, y es invariable. Es decir que cualquiera que sea el género y el número de su antecedente, su forma no varía:

Enviaron al rey una **carta**
femenino
singular

que llegó a Madrid con retraso.

Enviaron al rey varias **cartas**
femenino
plural

que llegaron a Madrid con retraso.

Enviaron al rey un **escrito**
masculino
singular

que llegó a Madrid con retraso.

Enviaron al rey varios **escritos**
masculino
plural

que llegaron a Madrid con retraso.

El relativo **quien** se emplea únicamente con antecedente de persona o cosa personificada. Concuerda con su antecedente sólo en número:

Llamé a mi **amiga,**
femenino
singular

quien no estaba en su casa.

Llamé a mi **amigo,**
masculino
singular

quien no estaba en su casa.

Llamé a mis **amigas,**
femenino
plural

quienes no estaban en su casa.

Llamé a mis **amigos,**
masculino
plural

quienes no estaban en su casa.

El relativo **cual** puede tener antecedente de persona o cosa y concuerda con éste en número y persona:

Leyó el texto de la **ley,**
femenino
singular

la cual no pensaba cumplir.

Leyó el texto de las **leyes,**
femenino
plural

las cuales no pensaba cumplir.

Leyó el texto del **decreto,**
masculino
singular

el cual no pensaba cumplir.

Leyó el texto de los **decretos,**
masculino
plural

los cuales no pensaba cumplir.

El relativo **cuyo** es un relativo adjetivo. O sea que modifica al sustantivo que le sigue, y con éste concuerda en género y número, y no con el antecedente.

Asistí al **juicio**   **cuyas**   **sesiones**   terminaron ayer.
antecedente   relativo   sustantivo
masculino   femenino   femenino
singular   plural   plural

(handwritten: trial, whose)

Asistí a las **deliberaciones**   **cuyo**   **valor**   no era claro.
antecedente   relativo   sustantivo
femenino   masculino   masculino
plural   singular   singular

(handwritten: value)

PRÁCTICA

A. Cambie los verbos, de acuerdo con el cambio de los sujetos:

El abogado **asesoró** al acusado para que éste **pudiera** defenderse.

1. Yo _____ a los acusados para que éstos _____ defenderse.
2. Los abogados _____ a los acusados para que éstos _____ defenderse.
3. Mis amigos y yo _____ al acusado para que éste _____ defenderse.

B. Escriba el verbo **juzgar** en el modo y tiempo indicados:

1. El jefe ordenó que él _____ a los culpables. (*M. Subjuntivo, Pretérito Imperfecto*)
2. El jefe explicó que el tribunal ya _____ a los culpables. (*M. Indicativo, Pretérito Pluscuamperfecto*)
3. El jefe afirma que el tribunal _____ a los culpables muy pronto. (*M. Indicativo, Futuro Imperfecto*)

(handwritten in margin: ha juzgado / has judged)

C. Defina, o explique con sus palabras, el significado de los siguientes vocablos: **ley, abogado.**

D. Use en una oración las siguientes expresiones o locuciones que aparecen en esta Unidad:

al fin at last
Al fin las conozco todas.

acerca de with regard to, about
¿Cuál es su opinión **acerca de** los abogados en los Estados Unidos?

en cambio   on the other hand
En cambio, pedían expresamente que no mandase abogados.

de acuerdo con   in agreement, in accordance
El juez trató de interpretar la ley **de acuerdo con** las características del caso.

E. Modifique en todas las formas que pueda las siguientes oraciones, ya sea cambiando el vocabulario con el uso de palabras sinónimas o análogas, o cambiando el orden de los elementos sintácticos:

1. Durante varios días, el juez trató de interpretar la ley de acuerdo con las características del caso.
2. En el pequeño pueblo, el abogado conocía a todos los vecinos.

COMPOSICIÓN DIRIGIDA

Sugerencias para organizar la composición

1. Observe detenidamente la fotografía, y describa lo que ve en ella con especial atención a:

personajes   objetos que aparecen en la foto
lugar donde se desarrolla la escena   el policía que está a la izquierda

2. ¿Qué funciones supone está cumpliendo el policía? ¿Le parece una figura que tiene mucho poder y autoridad?

3. ¿Cuál es su actitud hacia la policía? ¿La respeta, la ignora, desconfía de ella?

4. Imagine que usted es el policía. ¿qué podría estar pensando en ese momento?

Sobre la base de algunos de los comentarios anteriores u otros enfoques que le parezcan apropiados, organice su composición.

TEMAS DE COMENTARIO ORAL O ESCRITO

1. Mencione alguna figura política contemporánea, en los Estados Unidos o en otros países, que haya demostrado clara ambición de poder.

2. Lea alguno de los capítulos de la Segunda parte del *Quijote* (entre el capítulo XLII y el LV) donde se cuentan los episodios y sucesos de Sancho como gobernador de la isla Barataria. Haga un comentario.

3. En un sistema republicano y democrático de gobierno, ¿cree que hay algún individuo, grupo o institución que tiene un poder enorme y desproporcionado en relación con otros? Por ejemplo, ¿piensa que eso es cierto con respecto al presidente, el Congreso, la Corte Suprema, las fuerzas armadas, los servicios de inteligencia?

4. Analice y comente este grabado de tema político del artista mexicano.

José Guadalupe Posada, *Mitin antirreeleccionista*.

5. ¿Puede dar una explicación o hacer un comentario del significado de los siguientes juicios?

   juicio final
   juicio de Dreyfus
   juicio de Scopes
   juicios de Nuremberg

6. En la clase, elijan algún personaje o tema de actualidad, y pónganlo como acusado en un juicio. Entre los estudiantes, designen un juez, un abogado defensor y un fiscal; el resto de la clase puede actuar como jurado.

Descubrimiento de
América

Salvador Dalí, *El descubrimiento de América por Cristóbal Colón.*
Dali Museum, Cleveland, Ohio.

Comentario

El cuadro de Dalí[1] muestra la interpretación que este artista hace del descubrimiento de América. Podemos observar la mezcla de realidad y fantasía y la presencia de elementos oníricos y de temas del inconsciente y del absurdo, todo propio de la escuela surrealista a la que pertenece Dalí.

---

[1] **Salvador Dalí** (1904): Pintor español contemporáneo, uno de los principales representantes del surrealismo.

**TEMAS DE
DISCUSIÓN**

1. Enumere los elementos que aparecen en la pintura dividiéndolos en elementos de tipo religioso, militar, fantástico, etc. Indique cuáles predominan y dé su comentario acerca de esta distribución.

2. En la obra se ve una sola carabela, aunque sabemos que en su viaje Colón llevó tres: *la Santa María, la Pinta,* y *la Niña.* ¿Cree que el artista tuvo alguna razón especial para pintar un solo navío?

3. En el ángulo superior derecho, lo mismo que en el inferior izquierdo, aparecen cruces que, por la posición invertida, podrían interpretarse como espadas. Comente el sentido de esta transformación.

4. Supuestamente, el joven que lleva a remolque la carabela y que clava el estandarte representa a Colón. Sin embargo, históricamente el Almirante tenía más de cuarenta años cuando descubrió América, edad que no parece ser la de este personaje. Además, si observamos el rostro, los rasgos tienen cierta semejanza con los de Dalí. (También, es significativo que la imagen en el estandarte es un retrato de Gala, la mujer de Dalí.) Comente esta forma especial en que el artista español pinta al navegante genovés.

NÚCLEOS DE VOCABULARIO

PALABRAS ANÁLOGAS O SINÓNIMAS

el indio, la india (de América)	*Indian*
el, la indígena (de América)	native, Indian
el nativo, la nativa (de América)	native
el aborigen, la aborigen (de América)	aborigine
América	*America*
el Nuevo Mundo	New World
las Indias Occidentales	West Indies
Europa	*Europe*
el Viejo Mundo	Old World
el viaje	*trip, journey, voyage*
la travesía	sea voyage, crossing
la navegación	navigation
el barco	*ship, boat*
el buque	vessel, ship
el navío	ship
la nave	ship
la embarcación	vessel, ship

PALABRAS AFINES

la indiada	crowd or multitude of Indians
la tribu	tribe
el cacique, la cacica	cacique, Indian chief
el mestizo, la mestiza	half-breed
el, la azteca	Aztec
el, la piel roja	redskin
el, la quechua	Quechua
el, la maya	Maya
el, la guaraní	Guarani
el araucano, la araucana	Araucanian
el, la caribe	Caribbean
el conquistador	conquerer
el descubridor	discoverer
el explorador	explorer
el colono	colonist, settler
la colonia	colony
la exploración	exploration
el descubrimiento	discovery
la conquista	conquest
la expedición	expedition
la partida	departure
la llegada	arrival
el regreso	return
el retorno	return
la etapa	stage, step
la escala	port of call
el camino	road, journey
la ruta	route, way
el bote	boat
el remo	oar
la canoa	canoe
la carabela	caravel
la proa	bow, prow
la popa	poop deck, stern
la vela	sail
el mástil	mast
el ancla	anchor
el timón	helm
la brújula	magnetic needle, compass
el marinero	sailor
la tripulación	crew

el mar	sea
el océano	ocean
la isla	island, isle
el golfo	gulf
la bahía	bay
la costa	shore, coast
el río	river
el arroyo	stream, rivulet
el puerto	port, harbor

ALGUNOS VERBOS RELACIONADOS CON EL TEMA

descubrir   to discover
Vasco Núñez de Balboa **descubrió** el Océano Pacífico en 1513.

conquistar   to conquer
Los aztecas **conquistaron** a varios pueblos vecinos.

colonizar   to colonize
Los españoles **colonizaron** grandes regiones del continente.

poblar   to populate, to inhabit
Poblaron esa parte de la ciudad con familias llegadas de la Europa central.

navegar   to navigate
Los exploradores **navegaron** varios días sin ver señales de tierra.

viajar   to travel
Colón **viajó** cuatro veces al Nuevo Mundo.

explorar   to explore
El capitán **exploró** la selva y la sierra.

llegar   to arrive
Cada día **llegaban** nuevos refugiados.

regresar   to return
Algunos miembros de la expedición decidieron **regresar** a España.

embarcar   to put on board, to ship
A la mañana, **embarcaron** lo necesario para el viaje.

transbordar   to transfer
El jefe de la expedición **transbordó** a la nave más ligera.

partir   to depart
Colón **partió** del puerto de Palos.

remar   to row, to paddle
Remaron sin descanso durante muchas horas.

fundar   to establish, to found
Francisco Pizarro **fundó** la ciudad de Lima.

nadar   to swim
Los indios **nadaban** a gran velocidad.

retornar to return
Retornaron a su tierra después de muchos meses.

transportar to transport, to carry
En ese viaje **transportaban** varios caballos.

cargar to load, to burden
Cargaron todo lo necesario para la travesía.

zarpar to sail, to weigh anchor
El barco **zarpó** al amanecer.

abordar to board a ship
Los piratas **abordaron** la nave cerca de Cartagena.

naufragar to be shipwrecked
La pequeña embarcación **naufragó** frente a la costa.

izar to hoist, to raise
Izaron la bandera de su patria.

Descubrimiento de América

El 12 de octubre de 1492 marca el momento en que los europeos se enfrentan con lugares, seres y cosas cuya existencia desconocían. Aun si se aceptan las teorías que suponen que otros navegantes—especialmente nórdicos—habían llegado a América antes que Colón, es sólo a partir del viaje del Almirante que el Nuevo Mundo comienza a descubrirse, explorarse y colonizarse.

Una tendencia generalizada en los textos históricos y en todos los estudios sobre el descubrimiento de América es presentar los hechos y opiniones desde el punto de vista del europeo. Casi nunca se considera el punto de vista del indio. A continuación, y a través de algunos textos escogidos, trataremos de dar el relato desde las dos perspectivas: la del conquistador europeo, y la del indio.

El punto de vista del descubridor y conquistador

la sierra mountain range / **la vega** flat lowland

La Española es maravilla; las sierras° y las montañas y las vegas,° y las campiñas y las tierras tan hermosas y gruesas para plantar y sembrar, para criar ganados de todas suertes, para edificios de villas y lugares. Los puertos de la mar aquí no habría creencia sin

vista, y de los ríos muchos y grandes y buenas aguas, los más de
los cuales traen oro.° · · · · · ·

La gente de esta isla y de todas las otras que he hallado y he
habido noticia, andan todos desnudos, hombres y mujeres, así
como sus madres los paren.°

parir to give birth

· · · · · ·

Ellos no tienen hierro ni acero: armas, no son para ello, no porque no sea gente bien dispuesta y de hermosa estatura, salvo°
que son muy temerosos a maravilla .

salvo except

· · · · · ·

Ellos, de cosa que tengan, pidiéndosela, jamás dicen que no,
antes convidan° a la persona con ello y muestran tanto amor que
darían los corazones y ya sea cosa de valor, ya sea de poco precio,
luego por cualquier cosa de cualquier manera que sea que se les
dé por ello son contentos .

convidar to invite

· · · · · ·

Y no conocían ninguna secta ni idolatría, salvo que todos creen
que las fuerzas y el bien están en el cielo, y creían muy firme que
yo con estos navíos y gente venía del cielo, y en tal acatamiento°
me reciben en todo cabo después de haber perdido el miedo. Y
esto no procede porque sean ignorantes, salvo de muy sutil ingenio, y hombres que navegan todos aquellos mares que es
maravilla la buena cuenta° que ellos dan de todo, salvo porque°
nunca vieron gente vestida ni semejantes navíos.

el acatamiento esteem

la cuenta account / **salvo porque**
   except that

Cristóbal Colón, Carta a
Luis de Santangel, 15 de
febrero de 1493

Comentario

Los párrafos anteriores son fragmentos de una carta, también conocida
como «Carta del Descubrimiento», que Colón escribió mientras navegaba
de regreso a España, y que dirige a un personaje de la corte de los Reyes
Católicos.[2] Para relatar los sucesos del primer viaje, el Almirante escribió
dos cartas—además del *Diario de a bordo*. Las cartas fueron dirigidas a dos
funcionarios cortesanos quienes, significativamente, desempeñaban cargos
de contadores o tesoreros.

En el primer pasaje, Colón describe las características de una de las islas
que descubrió y exploró en ese primer viaje, a la que llamó La Española
(ésta es hoy la isla de Santo Domingo, dividida políticamente en la Repú-
blica Dominicana y Haití).

---

[2] **Reyes Católicos: Isabel de Castilla** (1451–1504) y **Fernando de Aragón** (1452–1516): Con su
matrimonio reunieron los dos principales reinos en la península ibérica y consolidaron la
unidad política de España. Vencieron al último rey moro en Granada y ayudaron a Colón en
sus viajes de descubrimiento.

Luego da su opinión acerca de los naturales de la isla, sus costumbres y apariencia. Algunos críticos ven en los textos de Colón una actitud interesada en exaltar las bondades de las tierras descubiertas y de sus habitantes para convencer a los poderosos de Europa del valor y ventajas de su descubrimiento, y conseguir que financiaran futuras expediciones. Por otra parte, y en cuanto a los naturales de América, es cierto que los primeros indios que encontró Colón no pertenecían a tribus muy desarrolladas ni belicosas. Muy pronto, los conquistadores van a experimentar el enfrentamiento con otros grupos de nativos que destruirán en gran medida la imagen idílica del «salvaje noble» que proponía el Almirante.

Damos a continuación otros textos en los que el español describe al indio:

> Los indios de Tierra-Firme,[3] cuanto a la disposición de las personas, son mayores algo y más hombres y mejor hechos que los de las islas. En algunas partes son belicosos, y en otras no tanto. Pelean con diversas armas y maneras, según en aquellas provincias o partes donde las usan.
>
> Gonzalo Fernández de Oviedo,[4]
*Sumario de la natural Historia
de las Indias*

el gesto countenance

horadar to pierce
la ternilla cartilage

el bezo thick lower lip

> La gente de esta tierra que habita desde la isla de Cozumel y punta de Yucatán hasta donde nosotros estamos es una gente de mediana estatura, de cuerpos y gestos° bien proporcionados, excepto que en cada provincia se diferencian ellos mismos los gestos, unos horadándose° las orejas y poniéndose en ellas muy grandes y feas cosas, y otros horadándose las ternillas° de las narices hasta la boca, y poniéndose en ellas unas ruedas de piedras muy grandes, que parecen espejos, y otros se horadan los bezos° de la parte de abajo hasta los dientes, y cuelgan de ellos unas grandes ruedas de piedras o de oro, tan pesadas, que les traen los bezos caídos y parecen muy deformes .
>
> . . . . . .

digna worthy / **punir** to punish

la entraña entrail

> Y tienen otra cosa horrible y abominable y digna° de ser punida,° que hasta hoy no he visto en ninguna parte, y es que todas las veces que alguna cosa quieren pedir a sus ídolos, para que más aceptación tenga su petición, toman muchas niñas y niños y aun hombres y mujeres de más edad, y en presencia de aquellos ídolos los abren vivos por los pechos y les sacan el corazón y las entrañas,° y queman las dichas entrañas y corazones delante de los ídolos, ofreciéndoles en sacrificio aquel humo.
>
> Hernán Cortés, Carta enviada a la Reina Dona Juana y
al emperador Carlos V, su hijo, 10 de julio de 1519

---

[3] **Tierra-Firme:** el continente americano; lo que no es isla.

[4] **Gonzalo Fernández de Oviedo** (1478–1557): Cronista de Indias, escribió la *Historia general y natural de las Indias, Islas y Tierra Firme del mar Océano*, obra monumental sobre el descubrimiento y conquista de América.

desbarbado beardless
crecido grown

recio strong / fornido robust
alentado courageous
atrevido fearless

Son de gestos robustos, desbarbados,°
bien formados los cuerpos y crecidos,°
espaldas grandes, pechos levantados,
recios° miembros, de nervios bien fornidos:°
ágiles, desenvueltos, alentados,°
animosos, valientes, atrevidos,°
duros en el trabajo, y sufridores
de fríos mortales, hambres y calores.

No ha habido rey jamás que sujetase
esta soberbia gente libertada,

jactarse to boast
dar pisada en sus términos to invade
comarcano neighboring / osar to dare
exento free / temido dreaded
de cerviz erguida proud

ni extranjera nación que se jactase°
de haber dado en sus términos pisada,°
ni comarcana° tierra que se osase°
mover en contra y levantar espada
siempre fue exenta,° indómita, temida,°
de leyes libre, de cerviz erguida.°

Alonso de Ercilla y Zúñiga,[5] *La Araucana,*
Primera Parte, Canto I

PREGUNTAS PARA LA DISCUSIÓN

1. ¿Piensa que el testimonio de los conquistadores es imparcial y verídico, o cree que por razones psicológicas e históricas estaban incapacitados para comprender y valorar el mundo indígena?

2. ¿Cuál es su opinión acerca de la conquista de América: cree que fue justa, apropiada y beneficiosa o, por el contrario, que fue injusta, cruel y destructiva?

3. En el prólogo de *La Araucana* Ercilla dice:

   Y si a alguno le pareciere que me muestro algo inclinado a la parte de los araucanos, tratando sus cosas y valentías más extendidamente de lo que para bárbaros se requiere; si queremos mirar su crianza, costumbres, modos de guerra y ejercicio de ella, veremos que muchos no les han hecho ventaja, y que son pocos los que con tan gran constancia y firmeza han defendido su tierra contra tan fieros enemigos como son los españoles.

   Dé su comentario.

El punto de vista del indio

En la colección de textos mayas conocida como los *Libros de Chilam Balam* pueden leerse varias reflexiones acerca de la llegada de los españoles, y de los efectos funestos de la conquista para la raza indígena. Así, el siguiente lamento:

¡Ay! ¡Entristezcámonos porque llegaron! Del oriente vinieron

---

[5] **Alonso de Ercilla y Zúñiga** (1533–1594): Escritor y soldado español. En su magnífica epopeya, *La Araucana,* relata los sucesos de la conquista de Chile y exalta el valor y heroísmo de los indígenas.

cuando llegaron a esta tierra los barbudos, los mensajeros de la señal de la divinidad, los extranjeros de la tierra, los hombres rubicundos°. . .

rubicundo blond, reddish

En otro pasaje del texto se nota la tristeza del indio ante su presente de opresión y penuria, y la añoranza por el pasado feliz:

abatir to demolish

Entonces era bueno todo y entonces fueron abatidos.° Había en ellos sabiduría. No había entonces pecado. Había santa devoción en ellos. Saludables vivían. No había entonces enfermedad; no había dolor de huesos; no había fiebre para ellos, no había viruelas, no había ardor de pecho, no había dolor de vientre, no había consunción. Rectamente erguido iba su cuerpo, entonces.

Dzules Spaniards
marchitar to wither
sorber to suck

No fue así lo que hicieron los *Dzules*° cuando llegaron aquí. Ellos enseñaron el miedo; y vinieron a marchitar° las flores. Para que su flor viviese, dañaron y sorbieron° la flor de los otros.

El recuerdo melancólico de una época mejor, cuando el indio se daba sus propias leyes y vivía de acuerdo con sus costumbres y creencias, puede ilustrarse con la pintura de José Clemente Orozco[6] sobre *La venida de Quetzalcoatl*. Entre los indios de México, Quetzalcoatl era el equivalente del Kukulcán de los mayas. O sea que representaba al civilizador, el que había venido a enseñar a los hombres distintas artesanías y les había traído del oriente una religión humanitaria.

José Clemente Orozco, *La venida de Quetzalcoatl.*
Dartmouth College, Hanover, New Hampshire.

---

[6] **José Clemente Orozco:** Ver Nota 5 en la Unidad *Guerras y soldados.*

PREGUNTAS   Conteste las siguientes preguntas sobre la pintura:

1. Describa a los distintos personajes que aparecen en esta obra.
2. ¿En su opinión, qué significan las pirámides que aparecen en la pintura?
3. ¿Cuántas escenas se ven en el fresco? Indique algunas de las acciones que cumplen los personajes.

Monumento a Cuauhtémoc, México.

Cuauhtémoc fue el último emperador azteca, sobrino de Moctezuma. Cuando se rindió a los españoles, éstos lo sometieron a tormento de fuego—como se ve en el bajorrelieve—para que confesara dónde tenía escondido el oro. Tiempo después, y ante la acusación de que estaba tramando una rebelión contra los españoles, Cortés lo hace ajusticiar.

En las palabras de Bernal Díaz del Castillo[7] que transcribimos a continuación, Cuauhtémoc reprocha a Cortés la injusticia de esta sentencia, opinión en la que parecen coincidir varios de los conquistadores:

ahorcar to hang

Y cuando le ahorcaban,° dijo el Cuauhtémoc:—¡Oh Malinche:[8] días había que yo tenía entendido que esta muerte me habías de dar y había conocido tus falsas palabras, porque me matas sin justicia! Dios te la demande, pues yo no me la di cuando te me

entregarse to surrender

entregaste° en mi ciudad de México.

. . . . .

Y fue esta muerte que les dieron muy injustamente, y pareció mal a todos los que íbamos. Bernal Díaz del Castillo Capítulo CLXXVII de la *Historia verdadera de la conquista de la Nueva Espana*

---

[7] **Bernal Díaz del Castillo:** Ver Nota 5 en la Unidad *Autoridad y leyes.*
[8] **Malinche:** Nombre que dieron los aztecas a Cortés.

VARIACIONES DE EXPRESIÓN

DE LA ORACIÓN SIMPLE A LA ORACIÓN COMPUESTA: SUBORDINADAS ADVERBIALES

Entonces—en 1492—, Colón **tenía** más de cuarenta años.
　　adverbio　　　　　　　　　　　verbo

ORACIÓN SIMPLE

El concepto que encierra esta oración simple puede expresarse en forma más clara o completa con una oración compuesta integrada por una principal y una subordinada adverbial.

Cuando **descubrió** América,　　Colón **tenía** más de cuarenta años.
　　　　verbo　　　　　　　　　　　　　verbo

subordinada adverbial　　　　　*oración principal*

ORACIÓN COMPUESTA

Las subordinadas adverbiales pueden clasificarse en:

1. Subordinadas adverbiales de lugar
2. Subordinadas adverbiales de tiempo
3. Subordinadas adverbiales de modo
4. Subordinadas adverbiales condicionales
5. Subordinadas adverbiales concesivas
6. Subordinadas adverbiales consecutivas

Demos un ejemplo de cada una de ellas:

1. *Subordinada adverbial de lugar:*

Los exploradores encontraron oro **donde se unen las aguas de los dos ríos.**
　　　　　　　　　　　　　　　　sub. adverbial de lugar

(Oración simple: Los exploradores encontraron oro **allí**.)
　　　　　　　　　　　　　　　　　　　　　　adv.

2. *Subordinada adverbial de tiempo:*

Cuando lo condenaron a muerte, Cuauhtémoc reprochó a Cortés la injusticia de esta acción.
　　sub. adverbial de tiempo

(Oración simple: **Entonces,** Cuauhtémoc reprochó a Cortés la injusticia de esta acción.)
　　　　　　　　　adv.

3. *Subordinada adverbial de modo:*

Ese capitán trataba a los indios **como se trata a las bestias.**
　　　　　　　　　　　　　　　sub. adverbial de modo

(Oración simple: Ese capitán trataba a los indios **bestialmente.**)
　　　　　　　　　　　　　　　　　　　　　　adv.

4. *Subordinada adverbial condicional:*

Si estudias la vida de esos pueblos, valorarás su gran civilización.
      sub. adverbial condicional

(Oración simple: **Seguramente,** valorarás su gran civilización.)
                      adv.

5. *Subordinada adverbial concesiva:*

Aunque se lo pidas, no te dará el indulto.
   sub. adverbial concesiva

(Oración simple: **Aun** así, no te dará el indulto.)
                  adv.

6. *Subordinada adverbial consecutiva:*

El indio reaccionó de manera tan violenta que **aterrorizó a los guardianes.**
                                              sub. adverbial consecutiva

(Oración simple: El indio reaccionó de manera violenta, **horriblemente.**)
                                                          adv.

PRÁCTICA

A. Cambie los verbos y pronombres correspondientes, de acuerdo con el cambio del sujeto:

Los exploradores **partieron** cuando **les** dieron permiso para viajar.
(Yo / El capitán español / Mis amigos y yo / Tú y tus padres)

B. Escriba el verbo **regresar** en el modo y tiempo indicado:

1. Cortés dijo que los aztecas _____ para atacar el fuerte. (*M. Potencial, Simple*)
2. Cortés temía que los aztecas _____ para atacar el fuerte. (*M. Subjuntivo, Pretérito Imperfecto*)
3. Cortés teme que los aztecas _____ para atacar el fuerte. (*M. Subjuntivo, Presente*)

C. Defina, o explique con sus palabras, el significado de los siguientes vocablos: **puerto, isla.**

D. Use en una oración las siguientes expresiones o locuciones que aparecen en esta Unidad:

a remolque   in tow
El joven que lleva **a remolque** la carabela representa a Colón.

sin embargo   nevertheless, however
Sin embargo, el Almirante tenía más de cuarenta años cuando descubrió América.

por otra parte   on the other hand
Por otra parte, es cierto que los primeros indios que encontró Colón no pertenecían a tribus muy belicosas.

por el contrario   on the contrary
¿Cree que Colón era un visionario idealista o, **por el contrario,** que era un comerciante preocupado por las ganancias materiales?

E. Modifique en todas las formas que pueda las siguientes oraciones, ya sea cambiando el vocabulario con el uso de palabras sinónimas o análogas, o cambiando el orden de los elementos sintácticos:

1. Durante varias semanas, los exploradores caminaron infatigablemente por lugares solitarios y peligrosos.
2. Cuando el barco se acercó a la costa, los nativos nadaron velozmente hacia él.

COMPOSICIÓN DIRIGIDA

Escudo de armas de Cristóbal Colón.

Los reyes de España concedieron a Colón honores especiales como el título de Almirante del mar Océano, y el escudo de armas que reproducimos aquí. En éste se ven, en la parte superior, los símbolos de los reinos de Castilla y León y, en la inferior, cinco anclas y un grupo de islas que representan el viaje y descubrimiento.

Seguidamente, escriba un comentario sobre la vida y personalidad de Cristóbal Colón. Puede organizarlo sobre la base de las siguientes preguntas:

1. ¿Quién fue Colón?
2. ¿Cómo era Colón? ¿Cree que era un visionario idealista o, por el contrario, que era un comerciante preocupado principalmente por las ganancias materiales?
3. ¿Qué opina de la religiosidad de Colón? En pasajes de su *Diario de a bordo* el Almirante se refiere a una aparición celestial que lo consoló en un momento de aflicción. ¿Qué piensa de estas declaraciones?
4. ¿Cree que Colón es una de las grandes figuras en la historia de la civilización, o que sólo fue un aventurero afortunado?

TEMAS DE COMENTARIO ORAL O ESCRITO

1. En la biblioteca, busque una reproducción del cuadro *El Cristo de San Juan de la Cruz* o *La Crucifixión* de Salvador Dalí. Observe que en la sección superior derecha de *El descubrimiento de América por Cristóbal Colón*, lo mismo que en las manos del penitente que está a la derecha de la carabela, hay una cruz con la figura de Cristo inclinada hacia abajo, en la misma forma en que aparece en *La Crucifixión*. Comente el sentido de esta imagen que es distinta a las tradicionales de Cristo en la cruz.

2. Comente los pasajes de la carta de Hernán Cortés que aparecen en páginas anteriores.

3. Comente y analice las dos estrofas de *La Araucana* que transcribimos en esta Unidad.

4. Busque algún texto histórico, poema, o pintura que describa el enfrentamiento inicial de los indios que habitaban las tierras de lo que es hoy Estados Unidos con los conquistadores europeos.

5. En los últimos tiempos, algunos grupos de indios norteamericanos tratan de reivindicar su derecho a la posesión de grandes extensiones de tierra, o a ser indemnizados por lo que consideran fue una usurpación injusta. ¿Cuál es su opinión acerca de estos litigios?

6. Observe y analice el bajorrelíeve sobre la tortura de Cuauhtémoc.

Apéndice

El artículo

Artículos determinados	Singular	masculino:	**el**	*the*
		femenino:	**la**	*the*
		neutro:	**lo**	*the*
	Plural	masculino:	**los**	*the*
		femenino:	**las**	*the*
Artículos indeterminados	Singular	masculino:	**un**	*a, an*
		femenino:	**una**	*a, an*
	Plural	masculino:	**unos**	*some*
		femenino:	**unas**	*some*

Contracción del artículo con una preposición

a	+	**el:**	**al**
preposición		artículo	
de	+	**el:**	**del**
preposición		artículo	

Adjetivos numerales

CARDINALES

uno, -a	1	veintidós	22
dos	2	veintitrés	23
tres	3	veinticuatro	24
cuatro	4	veinticinco	25
cinco	5	veintiséis	26
seis	6	veintisiete	27
siete	7	veintiocho	28
ocho	8	veintinueve	29
nueve	9	treinta	30
diez	10	treinta y uno, -a	31
once	11	cuarenta	40
doce	12	cincuenta	50
trece	13	sesenta	60
catorce	14	setenta	70
quince	15	ochenta	80
dieciséis	16	noventa	90
diecisiete	17	ciento(cien)	100
dieciocho	18	ciento uno, -a	101
diecinueve	19	doscientos, -as	200
veinte	20	trescientos, -as	300
veintiuno, -a	21	cuatrocientos, -as	400

quinientos, -as	500	mil	1000
seiscientos, -as	600	dos mil	2000
setecientos, -as	700	cien mil	100,000
ochocientos, -as	800	un millón	1,000,000
novecientos, -as	900		

ORDINALES

primero, -a	1st	undécimo, -a	11th
segundo, -a	2nd	duodécimo, -a	12th
tercero, -a	3rd	decimotercero, -a	13th
cuarto, -a	4th	decimocuarto, -a	14th
quinto, -a	5th	decimoquinto, -a	15th
sexto, -a	6th	decimosexto, -a	16th
séptimo, -a	7th	decimoséptimo, -a	17th
octavo, -a	8th	decimoctavo, -a	18th
noveno, -a	9th	decimonoveno, -a	19th
décimo, -a	10th	vigésimo, -a	20th

Meses del año

enero	January	**julio**	July
febrero	February	**agosto**	August
marzo	March	**septiembre**	September
abril	April	**octubre**	October
mayo	May	**noviembre**	November
junio	June	**diciembre**	December

Días de la semana

lunes	Monday	**viernes**	Friday
martes	Tuesday	**sábado**	Saturday
miércoles	Wednesday	**domingo**	Sunday
jueves	Thursday		

Pronombres personales

Nominativo	Reflexivo	Objeto Directo	Objeto Indirecto	Con preposición
yo	**me**	**me**	**me**	**(para, etc.) mí**°
I	to myself	me	to me	(for, etc.) me
tú	**te**	**te**	**te**	**(para, etc.) ti**°
you	to yourself	you	to you	(for, etc.) you
él, ella, ello	**se**	**lo, la**	**le**	**(para, etc.) él,**
he, she, it	to himself, herself, itself	him, her, it	to him, her, it	**ella, ello, sí**° (for, etc.) him, her, it

°Con la preposición **CON**, **mí, ti,** y **sí** se cambian a **-migo, -tigo, -sigo,** y resultan **conmigo, contigo,** y **consigo.**

Pronombres personales

Nominativo	Reflexivo	Objeto Directo	Objeto Indirecto	Con preposición
nosotros, nosotras we	**nos** to ourselves	**nos** us	**nos** to us	**(para, etc.)** **nosotros, nosotras** (for, etc.) us
vosotros, vosotras you	**os** to yourselves	**os** you	**os** to you	**(para, etc.)** **vosotros, vosotras** (for, etc.) you
ellos, ellas they	**se** to themselves	**los, las** them	**les** to them	**(para, etc.) ellos,** **ellas** (for, etc.) them

Pronombres demostrativos

Masculino	Femenino	Neutro
éste this one	**ésta** this one	**esto** this
ése that one	**ésa** that one	**eso** that
aquél that one	**aquélla** that one	**aquello** that
éstos these	**éstas** these	
ésos those	**ésas** those	
aquéllos those	**aquéllas** those	

Pronombres posesivos

Masculino	Femenino
(el) mío, (los) míos mine	**(la) mía, (las) mías** mine
(el) tuyo, (los) tuyos yours	**(la) tuya, (las) tuyas** yours
(el) suyo, (los) suyos his, hers, its	**(la) suya, (las) suyas** his, hers, its
(el) nuestro, (los) nuestros ours	**(la) nuestra, (las) nuestras** ours
(el) vuestro, (los) vuestros yours	**(la) vuestra, (las) vuestras** yours
(el) suyo, de ellos, (los) suyos, de ellos theirs	**(la) suya, de ellas, (las) suyas, de ellas** theirs

Pronombres relativos

que	that, who, which, whom
quien, quienes	who, whom
el cual, la cual, los cuales, las cuales	which, who
cuyo, cuya, cuyos, cuyas	whose

Pronombres indefinidos

alguien	somebody, someone
algo	something, anything
nadie	nobody, no one
nada	nothing
alguno	somebody, someone
ninguno	none, no one
cualquiera	anyone, anybody

Pronombres interrogativos

¿quién?	who? whom?
¿qué?	what?
¿cuál?	which?
¿cuánto?	how much?

Preposiciones

a	at, to
ante	before, in the presence of
bajo	under
cabe	near, close to
con	with
contra	against
de	of, from
desde	from, since
en	in, into, at, on
entre	among, between
hacia	toward
hasta	until, to, up to
para	for, in order to, by
por	for, by, through, about, per
según	according to, by, depending on
sin	without
so	under
sobre	on, over, about
tras	after

El verbo

Los accidentes verbales son las variaciones que el verbo sufre en su forma a través de su conjugación. Los accidentes verbales son:

Voces: Activa y Pasiva
Modos: Indicativo, Potencial, Subjuntivo, Imperativo
Tiempos: Presente, Pasados, Futuros
Personas: Primera, Segunda, Tercera
Números: Singular, Plural

Por su forma, el verbo se descompone en dos partes: *radical,* y *desinencia o terminación.* De acuerdo con su terminación, los verbos españoles se agrupan en tres clases:

Primera conjugación: terminados en **ar.** Verbo tipo: **amar.**
Segunda conjugación: terminados en **er.** Verbo tipo: **temer.**
Tercera conjugación: terminados en **ir.** Verbo tipo: **partir.**

Las formas que se conjugan con el auxiliar **haber** se llaman *formas compuestas.*

La conjugación completa de un verbo castellano ofrece 17 tiempos: 8 en el modo indicativo, 2 en el potencial, 6 en el subjuntivo, y 1 en el imperativo

Daremos a continuación la conjugación completa de los tres verbos tipos: **amar, temer, partir** y de los verbos auxiliares: **ser, estar, haber.**

amar *(to love)*

MODO INDICATIVO

Presente *(Present)*

(I love, do love, am loving)

amo
amas
ama
amamos
amáis
aman

Pretérito Perfecto *(Present Perfect)*

(I have loved)

he amado
has amado
ha amado
hemos amado
habéis amado
han amado

Pretérito Imperfecto *(Imperfect)*

(I was loving, used to love, loved)

amaba
amabas
amaba
amábamos
amabais
amaban

Pretérito Pluscuamperfecto *(Pluperfect)*

(I had loved)

había amado
habías amado
había amado
habíamos amado
habíais amado
habían amado

Pretérito Indefinido *(Preterite)*

(I loved, did love)

amé
amaste
amó
amamos
amasteis
amaron

Pretérito Anterior *(Preterite Perfect)*

(I had loved)

hube amado
hubiste amado
hubo amado
hubimos amado
hubisteis amado
hubieron amado

Futuro Imperfecto *(Future)*

(I shall [will] love)

amaré
amarás
amará
amaremos
amaréis
amarán

Futuro Perfecto *(Future Perfect)*

(I shall [will] have loved)

habré amado
habrás amado
habrá amado
habremos amado
habréis amado
habrán amado

MODO POTENCIAL *(Conditional)*

Simple o Imperfecto *(Imperfect)*

(I should [would] love)

amaría
amarías
amaría
amaríamos
amaríais
amarían

Compuesto o Perfecto *(Perfect)*

(I should [would] have loved)

habría amado
habrías amado
habría amado
habríamos amado
habríais amado
habrían amado

MODO SUBJUNTIVO

Presente *(Present)*

(that I may love)

ame
ames
ame
amemos
améis
amen

Pretérito Perfecto *(Present Perfect)*

(that I may have loved)

haya amado
hayas amado
haya amado
hayamos amado
hayáis amado
hayan amado

Pretérito Imperfecto *(Imperfect)*

(that I might love)

amara o amase
amaras o amases
amara o amase
amáramos o amásemos
amarais o amaseis
amaran o amasen

Pretérito Pluscuamperfecto

(that I might have loved)

hubiera o hubiese amado
hubieras o hubieses amado
hubiera o hubiese amado
hubiéramos o hubiésemos amado
hubierais o hubieseis amado
hubieran o hubiesen amado

Futuro Imperfecto *(Future)*

(that I shall love)

amare
amares
amare
amáremos
amareis
amaren

Futuro Perfecto *(Future Perfect)*

(that I shall have loved)

hubiere amado
hubieres amado
hubiere amado
hubiéremos amado
hubiereis amado
hubieren amado

MODO IMPERATIVO

ama	amemos
ame	amad
	amen

FORMAS NO PERSONALES O VERBOIDES

Infinitivo simple: amar *(to love)*
Infinitivo compuesto: haber amado *(to have loved)*
Gerundio simple: amando *(loving)*
Gerundio compuesto: habiendo amado *(having loved)*
Participio: amado *(loved)*

temer *(to fear)*

MODO INDICATIVO

Presente

temo
temes
teme
tememos
teméis
temen

Pretérito Perfecto

he temido
has temido
ha temido
hemos temido
habéis temido
han temido

Pretérito Imperfecto

temía
temías
temía
temíamos
temíais
temían

Pretérito Pluscuamperfecto

había temido
habías temido
había temido
habíamos temido
habíais temido
habían temido

Pretérito Indefinido

temí
temiste
temió
temimos
temisteis
temieron

Pretérito Anterior

hube temido
hubiste temido
hubo temido
hubimos temido
hubisteis temido
hubieron temido

Futuro Imperfecto

temeré
temerás
temerá
temeremos
temeréis
temerán

Futuro Perfecto

habré temido
habrás temido
habrá temido
habremos temido
habréis temido
habrán temido

MODO POTENCIAL

Simple o Imperfecto

temería
temerías
temería
temeríamos
temeríais
temerían

Compuesto o Perfecto

habría temido
habrías temido
habría temido
habríamos temido
habríais temido
habrían temido

MODO SUBJUNTIVO

Presente

tema
temas
tema
temamos
temáis
teman

Pretérito Perfecto

haya temido
hayas temido
haya temido
hayamos temido
hayáis temido
hayan temido

Pretérito Imperfecto

temiera a temiese
temieras o temieses
temiera o temiese
temiéramos o temiésemos
temierais o temieseis
temieran o temiesen

Pretérito Pluscuamperfecto

hubiera o hubiese temido
hubieras o hubieses temido
hubiera o hubiese temido
hubiéramos o hubiésemos temido
hubierais o hubieseis temido
hubieran o hubiesen temido

Futuro Imperfecto

temiere
temieres
temiere
temiéremos
temiereis
temieren

Futuro Perfecto

hubiere temido
hubieres temido
hubiere temido
hubiéremos temido
hubiereis temido
hubieren temido

MODO IMPERATIVO

teme	temamos
tema	temed
	teman

FORMAS NO PERSONALES O VERBOIDES

Infinitivo simple: temer
Infinitivo compuesto: haber temido
Gerundio simple: temiendo
Gerundio compuesto: habiendo temido
Participio: temido

partir *(to depart, to start, to split)*

MODO INDICATIVO

Presente

parto
partes
parte
partimos
partís
parten

Pretérito Perfecto

he partido
has partido
ha partido
hemos partido
habéis partido
han partido

Pretérito Imperfecto

partía
partías
partía
partíamos
partíais
partían

Pretérito Pluscuamperfecto

había partido
habías partido
había partido
habíamos partido
habíais partido
habían partido

Pretérito Indefinido

partí
partiste
partió
partimos
partisteis
partieron

Pretérito Anterior

hube partido
hubiste partido
hubo partido
hubimos partido
hubisteis partido
hubieron partido

Futuro Imperfecto

partiré
partirás
partirá
partiremos
partiréis
partirán

Futuro Perfecto

habré partido
habrás partido
habrá partido
habremos partido
habréis partido
habrán partido

MODO POTENCIAL

Simple o Imperfecto

partiría
partirías
partiría
partiríamos
partiríais
partirían

Compuesto o Perfecto

habría partido
habrías partido
habría partido
habríamos partido
habríais partido
habrían partido

MODO SUBJUNTIVO

Presente

parta
partas
parta
partamos
partáis
partan

Pretérito Perfecto

haya partido
hayas partido
haya partido
hayamos partido
hayáis partido
hayan partido

Pretérito Imperfecto

partiera o partiese
partieras o partieses
partiera o partiese
partiéramos o partiésemos
partierais o partieseis
partieran o partiesen

Pretérito Pluscuamperfecto

hubiera o hubiese partido
hubieras o hubieses partido
hubiera o hubiese partido
hubiéramos o hubiésemos partido
hubierais o hubieseis partido
hubieran o hubiesen partido

Futuro Imperfecto

partiere
partieres
partiere
partiéremos
partiereis
partieren

Futuro Perfecto

hubiere partido
hubieres partido
hubiere partido
hubiéremos partido
hubiereis partido
hubieren partido

MODO IMPERATIVO

parte   partamos
parta   partid
               partan

FORMAS NO PERSONALES O VERBOIDES

Infinitivo simple: partir
Infinitivo compuesto: haber partido
Gerundio simple: partiendo
Gerundio compuesto: habiendo partido
Participio: partido

ser *(to be)*

MODO INDICATIVO

Presente

soy
eres
es
somos
sois
son

Pretérito Perfecto

he sido
has sido
ha sido
hemos sido
habéis sido
han sido

Pretérito Imperfecto

era
eras
era
éramos
erais
eran

Pretérito Pluscuamperfecto

había sido
habías sido
había sido
habíamos sido
habíais sido
habían sido

Pretérito Indefinido

fui
fuiste
fue
fuimos
fuisteis
fueron

Pretérito Anterior

hube sido
hubiste sido
hubo sido
hubimos sido
hubisteis sido
hubieron sido

Futuro Imperfecto

seré
serás
será
seremos
seréis
serán

Futuro Perfecto

habré sido
habrás sido
habrá sido
habremos sido
habréis sido
habrán sido

MODO POTENCIAL

Simple o Imperfecto

sería
serías
sería
seríamos
seríais
serían

Compuesto o Perfecto

habría sido
habrías sido
habría sido
habríamos sido
habríais sido
habrían sido

MODO SUBJUNTIVO

Presente

sea
seas
sea
seamos
seáis
sean

Pretérito Perfecto

haya sido
hayas sido
haya sido
hayamos sido
hayáis sido
hayan sido

Pretérito Imperfecto

fuera o fuese
fueras o fueses
fuera o fuese
fuéramos o fuésemos
fuerais o fueseis
fueran o fuesen

Pretérito Pluscuamperfecto

hubiera o hubiese sido
hubieras o hubieses sido
hubiera o hubiese sido
hubiéramos o hubiésemos sido
hubierais o hubieseis sido
hubieran o hubiesen sido

Futuro Imperfecto

fuere
fueres
fuere
fuéremos
fuereis
fueren

Futuro Perfecto

hubiere sido
hubieres sido
hubiere sido
hubiéremos sido
hubiereis sido
hubieren sido

MODO IMPERATIVO

sé   seamos
sea   sed
                sean

FORMAS NO PERSONALES O VERBOIDES

Infinitivo simple: ser
Infinitivo compuesto: haber sido
Gerundio simple: siendo
Gerundio compuesto: habiendo sido
Participio: sido

estar *(to be)*

MODO INDICATIVO

Presente

estoy
estás
está
estamos
estáis
están

Pretérito Perfecto

he estado
has estado
ha estado
hemos estado
habéis estado
han estado

Pretérito Imperfecto

estaba
estabas
estaba
estábamos
estabais
estaban

Pretérito Pluscuamperfecto

había estado
habías estado
había estado
habíamos estado
habíais estado
habían estado

Pretérito Indefinido

estuve
estuviste
estuvo
estuvimos
estuvisteis
estuvieron

Pretérito Anterior

hube estado
hubiste estado
hubo estado
hubimos estado
hubisteis estado
hubieron estado

Futuro Imperfecto

estaré
estarás
estará
estaremos
estaréis
estarán

Futuro Perfecto

habré estado
habrás estado
habrá estado
habremos estado
habréis estado
habrán estado

MODO POTENCIAL

Simple o Imperfecto

estaría
estarías
estaría
estaríamos
estaríais
estarían

Compuesto o Perfecto

habría estado
habrías estado
habría estado
habríamos estado
habríais estado
habrían estado

MODO SUBJUNTIVO

Presente

esté
estés
esté
estemos
estéis
estén

Pretérito Perfecto

haya estado
hayas estado
haya estado
hayamos estado
hayáis estado
hayan estado

Pretérito Imperfecto

estuviera o estuviese
estuvieras o estuvieses
estuviera o estuviese
estuviéramos o estuviésemos
estuvierais o estuvieseis
estuvieran o estuviesen

Pretérito Pluscuamperfecto

hubiera o hubiese estado
hubieras o hubieses estado
hubiera o hubiese estado
hubiéramos o hubiésemos estado
hubierais o hubieseis estado
hubieran o hubiesen estado

Futuro Imperfecto

estuviere
estuvieres
estuviere
estuviéremos
estuviereis
estuvieren

Futuro Perfecto

hubiere estado
hubieres estado
hubiere estado
hubiéremos estado
hubiereis estado
hubieren estado

MODO IMPERATIVO

está	estemos
esté	estad
	estén

FORMAS NO PERSONALES O VERBOIDES

Infinitivo simple: estar
Infinitivo compuesto: haber estado
Gerundio simple: estando
Gerundio compuesto: habiendo estado
Participio: estado

haber *(to have, to be)*

MODO INDICATIVO

Presente

he
has
ha
hemos
habéis
han

Pretérito Perfecto

he habido
has habido
ha habido
hemos habido
habéis habido
han habido

Pretérito Imperfecto

había
habías
había
habíamos
habíais
habían

Pretérito Pluscuamperfecto

había habido
habías habido
había habido
habíamos habido
habíais habido
habían habido

Pretérito Indefinido

hube
hubiste
hubo

Pretérito Anterior

hube habido
hubiste habido
hubo habido

hubimos	hubimos habido
hubisteis	hubisteis habido
hubieron	hubieron habido

Futuro Imperfecto	**Futuro Perfecto**
habré	habré habido
habrás	habrás habido
habrá	habrá habido
habremos	habremos habido
habréis	habréis habido
habrán	habrán habido

MODO POTENCIAL

Simple o Imperfecto	**Compuesto o Perfecto**
habría	habría habido
habrías	habrías habido
habría	habría habido
habríamos	habríamos habido
habríais	habríais habido
habrían	habrían habido

MODO SUBJUNTIVO

Presente	**Pretérito Perfecto**
haya	haya habido
hayas	hayas habido
haya	haya habido
hayamos	hayamos habido
hayáis	hayáis habido
hayan	hayan habido

Pretérito Imperfecto	**Pretérito Pluscuamperfecto**
hubiera o hubiese	hubiera o hubiese habido
hubieras o hubieses	hubieras o hubieses habido
hubiera o hubiese	hubiera o hubiese habido
hubiéramos o hubiésemos	hubiéramos o hubiésemos habido
hubierais o hubieseis	hubierais o hubieseis habido
hubieran o hubiesen	hubieran o hubiesen habido

Futuro Imperfecto	**Futuro Perfecto**
hubiere	hubiere habido
hubieres	hubieres habido
hubiere	hubiere habido
hubiéremos	hubiéremos habido
hubiereis	hubiereis habido
hubieren	hubieren habido

MODO IMPERATIVO

he	hayamos
haya	habed
	hayan

FORMAS NO PERSONALES O VERBOIDES

Infinitivo simple: haber
Infinitivo compuesto: haber habido
Gerundio simple: habiendo
Gerundio compuesto: habiendo habido
Participio: habido

Verbos irregulares

Son irregulares los verbos que al conjugarse varían sus radicales o sus desinencias, o ambas partes a la vez, y al hacerlo se apartan del verbo tipo y de las normas prefijadas comunes a la mayoría.

Para saber si un verbo es irregular hay que conjugarlo en:

1. Presente de Indicativo

2. Pretérito Indefinido de Indicativo

3. Futuro Imperfecto de Indicativo

4. Participio y gerundio

Si lo es, la irregularidad aparecerá en todas o algunas de estas formas. Si en ellas no aparece, tenemos la seguridad de que es un verbo regular.

Además, si es irregular en:	*la misma irregularidad se repite en:*
1. Presente de Indicativo	Presente de Subjuntivo / Imperativo
2. Pretérito Indefinido de Indicativo	Pretérito Imperfecto de Subjuntivo / Futuro Imperfecto de Subjuntivo
3. Futuro Imperfecto de Indicativo	Potencial *(Conditional)* simple
4. Participio	Todos los tiempos compuestos que lo usan

A continuación daremos la conjugación en sus formas irregulares de algunos verbos de uso común, y que han aparecido con frecuencia en varias Unidades de este libro.

conocer *(to know, to be acquainted with)*

Presente de Indicativo

conozco
conoces
conoce
conocemos
conocéis
conocen

Presente de Subjuntivo

conozca
conozcas
conozca
conozcamos
conozcáis
conozcan

Imperativo

conoce
conozca
conozcamos
conoced
conozcan

creer *(to believe, to think)*

Pretérito Indefinido de Indicativo

creí
creíste
creyó
creímos
creísteis
creyeron

Pretérito Imperfecto de Subjuntivo

creyera o creyese
creyeras o creyeses
creyera o creyese
creyéramos o creyésemos
creyerais o creyeseis
creyeran o creyesen

Futuro Imperfecto de Subjuntivo

creyere
creyeres
creyere
creyéremos
creyereis
creyeren

Participio: creído

Gerundio: creyendo

dar *(to give)*

Presente de Indicativo
(Agrega *y* en la primera persona singular del presente de indicativo)
Yo doy

dar *(to give)*

Pretérito Indefinido de Indicativo	Pretérito Imperfecto de Subjuntivo
di	diera o diese
diste	dieras o dieses
dio	diera o diese
dimos	diéramos o diésemos
disteis	dierais o dieseis
dieron	dieran o diesen

	Futuro Imperfecto de Subjuntivo
	diere
	dieres
	diere
	diéremos
	diereis
	dieren

decir *(to say, to tell)*

Presente de Indicativo	Presente de Subjuntivo
digo	diga
dices	digas
dice	diga
decimos	digamos
decís	digáis
dicen	digan

	Imperativo
	di
	diga
	digamos
	decid
	digan

Pretérito Indefinido de Indicativo	Pretérito Imperfecto de Subjuntivo
dije	dijera o dijese
dijiste	dijeras o dijeses
dijo	dijera o dijese
dijimos	dijéramos o dijésemos
dijisteis	dijerais o dijeseis
dijeron	dijeran o dijesen

Futuro Imperfecto de Subjuntivo

dijere
dijeres
dijere
dijéremos
dijereis
dijeren

Futuro Imperfecto de Indicativo

diré
dirás
dirá
diremos
diréis
dirán

Potencial Simple

diría
dirías
diría
diríamos
diríais
dirían

Participio: dicho

Gerundio: diciendo

hacer *(to make, to do)*

Presente de Indicativo

hago
haces
hace
hacemos
hacéis
hacen

Presente de Subjuntivo

haga
hagas
haga
hagamos
hagáis
hagan

Imperativo

haz
haga
hagamos
haced
hagan

Pretérito Indefinido de Indicativo

hice
hiciste
hizo
hicimos
hicisteis
hicieron

Pretérito Imperfecto de Subjuntivo

hiciera o hiciese
hicieras o hicieses
hiciera o hiciese
hiciéramos o hiciésemos
hicierais o hicieseis
hicieran o hiciesen

Futuro Imperfecto de Subjuntivo

hiciere
hicieres
hiciere
hiciéremos
hiciereis
hicieren

Futuro Imperfecto de Indicativo

haré
harás
hará
haremos
haréis
harán

Potencial Simple

haría
harías
haría
haríamos
haríais
harían

Participio:　hecho

ir *(to go)*

Presente de Indicativo

voy
vas
va
vamos
vais
van

Presente de Subjuntivo

vaya
vayas
vaya
vayamos
vayáis
vayan

Imperativo

ve
vaya
vayamos
id
vayan

Pretérito Imperfecto de Indicativo

iba
ibas
iba
íbamos
ibais
iban

Pretérito Indefinido de Indicativo

fui
fuiste
fue
fuimos
fuisteis
fueron

Pretérito Imperfecto de Subjuntivo

fuera o fuese
fueras o fueses
fuera o fuese
fuéramos o fuésemos
fuerais o fueseis
fueran o fuesen

Futuro Imperfecto de Subjuntivo

fuere
fueres
fuere
fuéremos
fuereis
fueren

Gerundio: yendo

parecer *(to appear, to seem, to look like)*

Presente de Indicativo

parezco
pareces
parece
parecemos
parecéis
parecen

Presente de Subjuntivo

parezca
parezcas
parezca
parezcamos
parezcáis
parezcan

Imperativo

Parece
Parezca
Parezcamos
Pareced
Parezcan

pensar *(to think)*

Presente de Indicativo

pienso
piensas
piensa
pensamos
pensáis
piensan

Presente de Subjuntivo

piense
pienses
piense
pensemos
penséis
piensen

Imperativo

piensa
piense
pensemos
pensad
piensen

poder *(to be able, can, may)*

Presente de Indicativo	**Presente de Subjuntivo**
puedo	pueda
puedes	puedas
puede	pueda
podemos	podamos
podéis	podáis
pueden	puedan

Imperativo

puede
pueda
podamos
poded
puedan

Pretérito Indefinido de Indicativo	**Pretérito Imperfecto de Subjuntivo**
pude	pudiera o pudiese
pudiste	pudieras o pudieses
pudo	pudiera o pudiese
pudimos	pudiéramos o pudiésemos
pudisteis	pudierais o pudieseis
pudieron	pudieran o pudiesen

Futuro Imperfecto de Subjuntivo

pudiere
pudieres
pudiere
pudiéremos
pudiereis
pudieren

Futuro Imperfecto de Indicativo	**Potencial Simple**
podré	podría
podrás	podrías
podrá	podría
podremos	podríamos
podréis	podríais

podrán   podrían

Gerundio: pudiendo

poner *(to put, to place)*

Presente de Indicativo   **Presente de Subjuntivo**

pongo   ponga
pones   pongas
pone   ponga
ponemos   pongamos
ponéis   pongáis
ponen   pongan

                                    Imperativo

                                    pon
                                    ponga
                                    pongamos
                                    poned
                                    pongan

Pretérito Indefinido de Indicativo   **Pretérito Imperfecto de Subjuntivo**

puse   pusiera o pusiese
pusiste   pusieras o pusieses
puso   pusiera o pusiese
pusimos   pusiéramos o pusiésemos
pusisteis   pusierais o pusieseis
pusieron   pusieran o pusiesen

                                    Futuro Imperfecto de Subjuntivo

                                    pusiere
                                    pusieres
                                    pusiere
                                    pusiéremos
                                    pusiereis
                                    pusieren

Futuro Imperfecto de Indicativo   **Potencial Simple**

pondré   pondría
pondrás   pondrías
pondrá   pondría
pondremos   pondríamos
pondréis   pondríais
pondrán   pondrían

Participio: puesto

saber *(to know)*

Presente de Indicativo	Presente de Subjuntivo
sé	sepa
sabes	sepas
sabe	sepa
sabemos	sepamos
sabéis	sepáis
saben	sepan

Imperativo

sabe
sepa
sepamos
sabed
sepan

Pretérito Indefinido de Indicativo	Pretérito Imperfecto de Subjuntivo
supe	supiera o supiese
supiste	supieras o supieses
supo	supiera o supiese
supimos	supiéramos o supiésemos
supisteis	supierais o supieseis
supieron	supieran o supiesen

Futuro Imperfecto de Subjuntivo

supiere
supieres
supiere
supiéremos
supiereis
supieren

Futuro Imperfecto de Indicativo	Potencial Simple
sabré	sabría
sabrás	sabrías
sabrá	sabría
sabremos	sabríamos
sabréis	sabríais
sabrán	sabrían

tener *(to have, to hold, to keep)*

Presente de Indicativo	Presente de Subjuntivo
tengo	tenga
tienes	tengas
tiene	tenga

tenemos·
tenéis
tienen

tengamos
tengáis
tengan

Imperativo

ten
tenga
tengamos
tened
tengan

Pretérito Indefinido de Indicativo

tuve
tuviste
tuvo
tuvimos
tuvisteis
tuvieron

Pretérito Imperfecto de Subjuntivo

tuviera o tuviese
tuvieras o tuvieses
tuviera o tuviese
tuviéramos o tuviésemos
tuvierais o tuvieseis
tuvieran o tuviesen

Futuro Imperfecto de Subjuntivo

tuviere
tuvieres
tuviere
tuviéremos
tuviereis
tuvieren

Futuro Imperfecto de Indicativo

tendré
tendrás
tendrá
tendremos
tendréis
tendrán

Potencial Simple

tendría
tendrías
tendría
tendríamos
tendríais
tendrían

ver *(to see)*

Presente de Indicativo

veo
ves
ve
vemos
veis
ven

Presente de Subjuntivo

vea
veas
vea
veamos
veáis
vean

Imperativo

ve
vea .
veamos
ved
vean

Pretérito Imperfecto de Indicativo

veía
veías
veía
veíamos
veíais
veían

Participio: visto

Oración simple

En la estructura de una oración simple pueden distinguirse el sujeto y el predicado; y dentro del predicado, el núcleo verbal, el objeto directo, el objeto indirecto, y los complementos circunstanciales. Por ejemplo:

El sacerdote | ofreció el sacrificio al dios, en la pirámide, al anochecer.
                    verbo   O.D.   O.I.   C. circuns. de   C. circuns. de
                                                           lugar   tiempo

SUJETO	PREDICADO

Los complementos circunstanciales pueden ser:

El sacerdote ofreció el sacrificio

al anochecer:	*de tiempo*
en la pirámide:	*de lugar*
respetuosamente:	*de modo*
para obtener gracias:	*de fin* purpose
por su devoción al dios:	*de causa*

y tambien:

El erudito escribió   *Scholar*

sobre el culto del dios:	*de tema o argumento*
mucho:	*de cantidad*
con lápiz:	*de medio o instrumento*
con su colega:	*de compañía*

Oración compuesta

La oración compuesta está formada por dos o más grupos sintácticos oracionales. Estos grupos pueden estar *coordinados, yuxtapuestos,* o *subordinados.*

Ejemplos de oraciones compuestas formadas por oraciones *coordinadas*:

[Entonces era bueno todo] y [entonces fueron abatidos.]
beaten

[Y va el convite creciendo
feast

en las llamas de los ojos,]

y [el manto de flecos rojos
cape fringes

se va en el aire meciendo.]

Ejemplos de oraciones compuestas formadas por oraciones *yuxtapuestas*:

[Algunos escondían con horror la cara en el pecho del vecino;]

[otros lloraban;] [otros pedían la muerte.]

[No había entonces enfermedad;] [no había dolor de huesos;]
bones

[no había fiebre para ellos.]

Ejemplos de oraciones compuestas formadas con oraciones *subordinadas*:

[Los trabajos de un sabio famoso han demostrado] |que una máquina
es semejante al cerebro humano.|
            subordinada sustantiva

[El dominó se juega con 28 fichas rectangulares] |que tienen la
block
cara dividida en dos cuadrados.|
            subordinada adjetiva

[Es bueno mandar] |aunque sea a un hato de ganado.|
                              subordinada adverbial
Impersonal
expression

Vocabulario

189

This vocabulary section includes all the words used in the book, with the following exceptions:

> articles
> personal, demonstrative, possessive, relative and interrogative pronouns
> ordinal and cardinal numerals
> days of the week
> months of the year
> conjugated forms of verbs presented in the infinitive
> diminutive and augmentative forms of nouns and adjectives
> words with English cognates
> proper names
> the feminine form of adjectives used in both the feminine and masculine forms

The articles, pronouns, numerals, days of the week, months of the year, and conjugations of verbs appear in the Appendix.

Abbreviations for the parts of speech are presented in Spanish:

adj.	adjetivo	(adjective)
adv.	adverbio	(adverb)
conj.	conjunción	(conjunction)
ger.	gerundio	(gerund)
interj.	interjección	(interjection)
loc.	locución	(locution)
m. adv.	modo adverbial	(adverbial mode)
p.	participio	(participle)
prep.	preposición	(preposition)
pron.	pronombre	(pronoun)
s.	nombre sustantivo	(noun, substantive)
v.	verbo	(verb)

The asterisk following the article (**el***) indicates a feminine noun. Some feminine nouns begin with an accented **a** (for example, **aqua** and **hambre**). In order to avoid the repetition of the **a** sound, the article **el** is used with these feminine nouns.

A

a *(prep.)* at, to

abajo *(adv.)* below, down, under

hacia abajo downward

abalanzarse *(v.)* to rush impetuously, to charge

abandonar *(v.)* to abandon, to leave

abaratar *(v.)* to cheapen, to reduce (in price)

abarcar *(v.)* to embrace; to comprise

abatir *(v.)* to demolish, to knock down

abierto *(adj.)* open

ablandarse *(v.)* to soften; to melt

el, la abogado, -a *(s.)* lawyer

abordar *(v.)* to board a ship

el abrazo *(s.)* hug, embrace

el abrevadero *(s.)* watering place for animals, waterhole

abrir *(v.)* to open

la absolución *(s.)* acquittal

abstenerse *(v.)* to abstain

el, la abuelo, -a *(s.)* grandfather, grandmother

aburrido *(adj.)* boring, dull

acabadamente *(adv.)* completely

acabar *(v.)* to complete, to finish, to end

acabar de to have just

acampar *(v.)* to encamp, to make camp

acaparar *(v.)* to monopolize

acarrear *(v.)* to cause, to occasion; to carry

acaso *(adv.)* perhaps

el acatamiento *(s.)* esteem, respect

la acción *(s.)* act; action

el acelerador *(s.)* accelerator

la acepción *(s.)* meaning

aceptar *(v.)* to accept

la acera *(s.)* sidewalk

acerbamente severely, cruelly

acerca de *(m. adv.)* with regard to, about

acercarse *(v.)* to approach

el acero *(s.)* steel; edged or pointed small arms, sword

acertar *(v.)* to hit the mark; to succeed

el acierto *(s.)* good hit, good shot; ability

la aclaración *(s.)* explanation

acometer *(v.)* to attack

la acometida *(s.)* attack

el, la acomodador, -a *(s.)* usher in a theater

acompañar *(v.)* to accompany

aconsejable *(adj.)* advisable

aconsejar *(v.)* to advise

acordar *(v.)* to agree

acordarse *(v.)* to remember

acostumbrar *(v.)* to be accustomed, to be in the habit

acrecentar *(v.)* to increase

el, la acreedor, -a *(s.)* creditor

el acto *(s.)* act

en el acto *(m. adv.)* at once

la actriz *(s.)* actress

la actualidad *(s.)* present time

actuar *(v.)* to act, to perform

acuartelar *(v.)* to quarter

acudir *(v.)* to come, to respond (to a call), to come to the rescue

el acuerdo *(s.)* agreement, pact

de acuerdo *(m. adv.)* in agreement, in accordance

acumular *(v.)* to accumulate, to heap together

el, la acusado, -a *(s.)* defendant

acusar *(v.)* to blame, to accuse, to charge

acusar recibo to acknowledge the receipt

el achaque *(s.)* habitual indisposition, chronic ailment

adecuado *(adj.)* adequate, fit

el ademán *(s.)* gesture

además *(adv.)* besides, furthermore

además de in addition to

adiós *(interj.)* goodbye

adivinar *(v.)* to foretell

administrar *(v.)* to administer

admirar *(v.)*   to admire
admitir *(v.)*   to admit, to accept
adolorido *(adj.)*   painful
adoptar *(v.)*   to adopt
adorar *(v.)*   to adore, to worship
adornar *(v.)*   to decorate, to adorn
adquirir *(v.)*   to acquire, to obtain
la adulación *(s.)*   flattery, adulation
advertir *(v.)*   to give notice or warning; to notice, to think about
el aeroplano *(s.)*   airplane
el aeropuerto *(s.)*   airport
el afán *(s.)*   eagerness
la afección *(s.)*   illness, disease
afectar *(v.)*   to influence, to affect
afectuoso *(adj.)*   affectionate
afeitar *(v.)*   to shave
 la maquinilla de afeitar *(s.)* razor
afirmar *(v.)*   to affirm
afirmarse *(v.)*   to maintain firmly; to hold fast
afortunado *(adj.)*   lucky
ágil *(adj.)*   agile, nimble
agitanado *(adj.)*   gipsy-like
agitar *(v.)*   to move, to stir; to agitate
agora (ahora) *(adv.)*   now
agotar *(v.)*   to exhaust
agradar *(v.)*   to please, to like
el agregado *(s.)*   addition
agregar *(v.)*   to add
agrupar *(v.)*   to group
el° agua *(s.)*   water
agudizar *(v.)*   to increase
agudo *(adj.)*   acute, sharp, witty
el° águila *(s.)*   eagle
ahogar *(v.)*   to choke
ahora *(adv.)*   now
ahorcar *(v.)*   to hang
el aislamiento *(s.)*   isolation
ajeno *(adj.)*   another's
ajustarse *(v.)*   to conform
ajusticiar *(v.)*   to execute

la alabanza *(s.)*   praise
alabar *(v.)*   to praise
alado *(adj.)*   winged
la aldea *(s.)*   village, hamlet
el alegato *(s.)*   allegation
alegre *(adj.)*   merry; funny
alejar *(v.)*   to remove, to separate, to move away
el alelí (alhelí) *(s.)*   a flower with four red, yellow or white petals
alentado *(adj.)*   courageous
aletar *(v.)*   to put on guard, to warn
la alformbra *(s.)*   carpet, rug
algo *(adv.)*   a little, somewhat, rather
algo *(pron.)*   something, anything
el algodón *(s.)*   cotton
alguien *(pron.)*   somebody, someone
alguno *(adj.)*   some
alguno *(pron.)*   somebody, someone
el alimento *(s.)*   nourishment, food
alistarse *(v.)*   to enlist
el alivio *(s.)*   relief
la aljaba *(s.)*   quiver
el° alma *(s.)*   soul
el almirante *(s.)*   admiral
el almuerzo *(s.)*   lunch
alterar *(v.)*   to change, to alter
el Altísmo *(s.)*   Most High
alto *(adj.)*   high
la altura *(s.)*   height
alucinante *(adj.)*   hallucinatory
aludir *(v.)*   to allude, to refer
el alumbramiento *(s.)*   birth
alzar *(v.)*   to raise
allá *(adv.)*   there
 más allá   farther
allí *(adv.)*   in that place, there
amado *(adj.)*   beloved
amamantar *(v.)*   to nurse
el amanecer *(s.)*   dawn
ambos *(adj.)*   both
la amenaza *(s.)*   threat, menace
ameno *(adj.)*   pleasant

el, la **amigo, -a** *(s.)* friend
la **amistad** *(s.)* friendship
amistoso *(adj.)* friendly
amontonarse *(v.)* to heap, to
pile up, to pile together
el **amor** *(s.)* love
el **amortiguador** *(s.)* shock ab-
sorber
amortiguar *(v.)* to absorb, to
take up, to lessen
amparar *(v.)* to protect, to help
amplificar *(v.)* to amplify, to
enlarge
amplio *(adj.)* large
analizar *(v.)* to analyze
el **anaquel** *(s.)* shelf
anciano *(adj.)* old, aged
el, la **anciano, -a** *(s.)* old man, old
woman
el° **ancla** *(s.)* anchor
anchuroso *(adj.)* large, vast
andaluz *(adj.)* Andalusian,
from Andalucia
andar *(v.)* to walk; to go; to run
el **ángulo** *(s.)* angle; corner
el° **ánima** *(s.)* soul
animar *(v.)* to animate
animoso *(adj.)* brave, spirited
anoche *(adv.)* last night
el **anochecer** *(s.)* nightfall, dusk
el **anonimato** *(s.)* anonymity
anotar *(v.)* to make notes
ante *(prep.)* before; in the
presence of
ante todo above all, first of
all
los **anteojos** *(s.)* eyeglasses
anterior *(adj.)* preceding, anterior, above, previous
anteriormente *(adv.)* previ-
ously
antes *(adv.)* before
antes *(conj.)* on the contrary
antibélico *(adj.)* against war
anticipar *(v.)* to anticipate
antiguo *(adj.)* old, ancient
el **antropófago** *(s.)* cannibal
anunciar *(v.)* to announce, to
notify

el **anuncio** *(s.)* announcement,
notice; advertisement
el **año** *(s.)* year
la **añoranza** *(s.)* nostalgia
apacentar *(v.)* to grace
el **apagón** *(s.)* blackout
el **aparato** *(s.)* apparatus
el **aparato de televisión** *(s.)* television set
aparecer *(v.)* to appear
aparentar *(v.)* to feign, to pretend
la **aparición** *(s.)* appearance, vision, apparition
la **apariencia** *(s.)* aspect, looks,
appearance
apartado *(adj.)* distant, remote
el **apartado de correos** *(s.)* post
office box
apartar *(v.)* to separate, to set
apart, to remove
el **apellido** *(s.)* surname, family
name
apiadarse (de) *(v.)* to pity, to
take pity (on)
aplicar *(v.)* to apply; to put on;
to adjudge; to administer
apoyarse *(v.)* to rest on, to be
based on
apreciar *(v.)* to esteem; to ap-
preciate
aprender *(v.)* to learn
el **aprendizaje** *(s.)* act of learning
apropiado *(adj.)* appropriate
aprovechar *(v.)* to profit by; to
make use of; to be useful; to
be beneficial
la **apuesta** *(s.)* bet
el **aquelarre** *(s.)* witches' sabbath
aquese *(pron.)* poetic form of
ese, see Appendix
aqueste *(pron.)* poetic form of
este, see Appendix
aquí *(adv.)* here
de aquí hence, from here
el, la **árbitro, -a** *(s.)* arbiter
el **árbol** *(s.)* tree
el° **arca** *(s.)* ark
archivar *(v.)* to file

ardiente *(adj.)* fervent, passionate, ardent
el **ardor** *(s.)* heat, fieriness, fever
argentino *(adj.)* Argentine
la **argucia** *(s.)* subtlety
el **argumento** *(s.)* plot, argument
la **armada** *(s.)* navy
armar *(v.)* to assemble, to cause
arrancar *(v.)* to start
arreglar *(v.)* to repair, to arrange
arriba *(adv.)* above, high; on high
el **arroyo** *(s.)* stream, rivulet
el **artefacto** *(s.)* device, appliance
el, la **artesano, -a** *(s.)* artisan, craftsman
el **artificio** *(s.)* device
el, la **asalariado, -a** *(s.)* wage earner
ascender *(v.)* to rise, to ascend
asegurador *(adj.)* insurer, insuring
la **aserradura** *(s.)* saw
el, la **asesino, -a** *(s.)* murderer, assassin
asesorar *(v.)* to advise, to counsel
así *(adv.)* so, thus, in this manner
  así como *(m. adv.)* just as
el **asiento** *(s.)* seat
asignar *(v.)* to assign
asimismo *(adv.)* likewise, so too
asistir *(v.)* to attend
asombrosamente *(adv.)* amazingly
asombroso *(adj.)* amazing
el **astro** *(s.)* heavenly body, star
la **astucia** *(s.)* cunning
el **asunto** *(s.)* subject
atacar *(v.)* to attack
el **ataque** *(s.)* attack; fit
atar *(v.)* to tie
atemorizar *(v.)* to scare, to frighten
atender *(v.)* to pay attention
atentamente *(adv.)* attentively; politely

atenuar *(v.)* to attenuate, to lessen
aterrorizar *(v.)* to terrify
el **atractivo** *(s.)* charm
atraer *(v.)* to attract
atrapar *(v.)* to trap
atrayente *(adj.)* attractive
atrevido *(adj.)* fearless
el **atrio** *(s.)* paved terrace, raised platform in front of a building
atrofiar *(v.)* to waste away, to atrophy
el **auditorio** *(s.)* audience
el° **aula** *(s.)* schoolroom
aumentar *(v.)* to increase, to augment
el **aumento** *(s.)* increase
aun *(adv.)* even
aún *(adv.)* yet, still
aunque *(conj.)* though, although
el **auricular** *(s.)* telephone receiver
auscultar *(v.)* to examine by listening to body sounds (heartbeat, breathing, etc.)
el **autito** *(s.)* small car
el **autómata** *(s.)* automaton
automatizar *(v.)* to automate
el **automóvil** *(s.)* car, automobile
el **automovilismo** *(s.)* motoring as an amusement; everything related to the automobile
el, la **automovilista** *(s.)* motorist, driver
la **autopista** *(s.)* highway
autorizar *(v.)* to authorize; to qualify; to legalize
avanzar *(v.)* to advance
avasallar *(v.)* to subdue, to subject
el° **ave** *(s.)* bird
el **averno** *(s.)* Avernus, hell
el **avión** *(s.)* airplane
el **aviso** *(s.)* notice; information; warning
ayer *(adv.)* yesterday
la **ayuda** *(s.)* help
ayudar *(v.)* to help, to aid

B

la **bahía** *(s.)* bay
bailar *(v.)* to dance
el, la **bailarín, -ina** *(s.)* dancer
el **baile** *(s.)* dance, ball
bajar *(v.)* to diminish; to reduce; to descend; to come down
bajo *(adj.)* low; short
bajo *(prep.)* under
la **bala** *(s.)* bullet, shot
la **ballena** *(s.)* whale
la **banda** *(s.)* border, cushion
!a **bandera** *(s.)* flag, banner
el **banderón** *(s.)* large flag
la **barba** *(s.)* beard
barbudo *(adj.)* having a long beard
la **barca** *(s.)* boat
el **barco** *(s.)* ship, boat
el **barrio** *(s.)* city district, neighborhood
el **barro** *(s.)* mud, clay
basar *(v.)* to establish upon a base, to base
bastar *(v.)* to be enough
el **bastidor** *(s.)* wing of stage scenery
la **bata** *(s.)* robe
la **batalla** *(s.)* battle
batallar *(v.)* to battle
el **batallón** *(s.)* battalion
la **batería** *(s.)* battery
el **batidor** *(s.)* beater
el **bebé** *(s.)* baby
beber *(v.)* to drink
bélico *(adj.)* bellicose, warlike
la **belicosidad** *(s.)* bellicosity
la **belleza** *(s.)* beauty
bello *(adj.)* beautiful
bendecir *(v.)* to bless
beneficiar *(v.)* to benefit
benéfico *(adj.)* beneficial; charitable
el **beso** *(s.)* kiss
el **bezo** *(s.)* thick lower lip
la **biblioteca** *(s.)* library
la **biela** *(s.)* connecting rod, crank
bien *(adv.)* well

el **bien** *(s.)* good, benefit
los **bienes** *(s.)* property; possessions; estate
bienhechor *(adj.)* charitable, kind
el **bigote** *(s.)* mustache
el **billete** *(s.)* ticket; note, short letter
la **billetera** *(s.)* wallet
blanco *(adj.)* white
la **boca** *(s.)* mouth
la **boda** *(s.)* wedding
boicotear *(v.)* to boycott
el **boleto** *(s.)* ticket
la **bolita** *(s.)* small ball
el **bolsillo** *(s.)* pocket
la **bondad** *(s.)* goodness, excellence
bonito *(adj.)* pretty
el **bordo** *(s.)* side of a ship
a **bordo** *(m. adv.)* on board ship
el **bosque** *(s.)* forest
el **bosquejo** *(s.)* sketch
la **bota** *(s.)* boot
el **bote** *(s.)* boat
la **botica** *(s.)* drugstore
el, la **boticario, -a** *(s.)* apothecary, druggist
el **botiquín** *(s.)* medicine chest
el **botón** *(s.)* button
el **brazo** *(s.)* arm
breve *(adj.)* short, brief
brevemente *(adv.)* briefly
la **brigada** *(s.)* brigade
el **brindis** *(s.)* toast
la **broma** *(s.)* joke, jest
la **bruja** *(s.)* witch, sorceress
el **brujo** *(s.)* sorcerer, wizard
la **brújula** *(s.)* magnetic needle, compass
buen, bueno *(adj.)* good, appropriate
el **bufete** *(s.)* lawyer's office
el **buque** *(s.)* vessel, ship
la **burla** *(s.)* deceit, mockery; scoff; jest
burlar *(v.)* to deceive, to mock
buscar *(v.)* to look for, to search for

el buzo *(s.)* diver
el buzón *(s.)* mailbox, letter box

C

la caballería *(s.)* cavalry
el caballero *(s.)* gentleman, horseman, knight
el caballero andante *(s.)* knight-errant
el caballo *(s.)* horse
el cabecilla *(s.)* ringleader
caber *(v.)* to be pertinent, to be appropriate, to fit
la cabeza *(s.)* head
la cabina *(s.)* cabin
la cabina telefónica *(s.)* telephone booth
el cabo *(s.)* end, extremity; cape, headland
el, la cacique, cacica *(s.)* cacique, Indian chief
la cachemira *(s.)* cashmere
cada *(adj.)* each
el cadáver *(s.)* corpse
la cadena transportadora *(s.)* conveyor belt
caer *(v.)* to fall
la cafetera *(s.)* coffee pot
el cálculo *(s.)* calculation
calmar *(v.)* to sooth
el calor *(s.)* heat
la calumnia *(s.)* slander, calumny
calumniar *(v.)* to slander
la calle *(s.)* street
la cama *(s.)* bed
el camarín *(s.)* dressing room
cambiar *(v.)* to change; to exchange
el cambio *(s.)* change
en cambio *(m. adv.)* on the other hand
la camilla *(s.)* stretcher, litter
caminar *(v.)* to walk
el camino *(s.)* road, journey
el camión *(s.)* truck
la campaña *(s.)* campaign
el, la campesino, -a *(s.)* peasant
la campiña *(s.)* flat tract of arable land

el campo *(s.)* open country, field
los Campos Elíseos *(s.)* Elysian Fields
el canal *(s.)* channel
la canción *(s.)* song
las candilejas *(s.)* footlights in a theater; limelights
la canoa *(s.)* canoe
el cántaro *(s.)* large, narrow mouthed pitcher
cantarillo diminutive of **cántaro**
el cántico *(s.)* hymn
la cantidad *(s.)* amount, quantity
la cantimplora *(s.)* canteen, water bottle
el canto *(s.)* chant, song
la capa *(s.)* cloak, cape
capacitar *(v.)* to enable, to prepare
capaz *(adj.)* able, capable
la capilla *(s.)* chapel
estar en capilla to be sentenced to death and awaiting execution
el capricho *(s.)* whim, fancy, caprice
la cara *(s.)* face
la carabela *(s.)* caravel, light sailing ship
el carácter *(s.)* nature, disposition
el carburador *(s.)* carburetor
la cárcel *(s.)* jail
el cardumen *(s.)* school of fish
la carga *(s.)* load; burden
cargar *(v.)* to load, to burden
el cargo *(s.)* post, office
el cariño *(s.)* love, affection
carmesí *(adj.)* crimson, bright red
la carne *(s.)* flesh, meat
el carpintero *(s.)* carpenter
la carrera *(s.)* race; career
el carro *(s.)* cart
el carruaje *(s.)* carriage
la carta *(s.)* playing card, letter
cartearse *(v.)* to correspond, to exchange letters
el cartel *(s.)* sign, poster
la cartelera *(s.)* billboard

el **cartero** *(s.)* mailman
la **cartuchera** *(s.)* cartridge belt
la **casa** *(s.)* home, house
casado *(adj.)* married
casarse *(v.)* to marry, to get married
el **casco** *(s.)* helmet, hard hat
casi *(adv.)* almost
el **caso** *(s.)* case, event
   hacer caso de to mind, to take into account
castellano Castilian, Spanish (language, grammar, etc.)
castigar *(v.)* to punish
el **castigo** *(s.)* punishment
catalán *(adj.)* Catalan, from Catalonia
el **catarro** *(s.)* catarrh
causar *(v.)* to cause, to create
cauteloso *(adj.)* cautious
el, la **cautivo, -a** *(s.)* captive
el, la **cazador, -a** *(s.)* hunter
ceder *(v.)* to fail; to slacken
la **ceja** *(s.)* eyebrow
celebrar *(v.)* to celebrate
célebre *(adj.)* famous, renowned
celeste *(adj.)* celestial, sky blue
el **celo** *(s.)* zeal; envy
los **celos** *(s.)* jealousy
la **célula** *(s.)* cell
la **cena** *(s.)* supper
la **ceniza** *(s.)* ash
censurar *(v.)* to censure, to blame
la **central** *(s.)* main office
la **central telefónica** *(s.)* telephone exchange
céntrico *(adj.)* downtown
el **centro** *(s.)* center
cerca *(adv.)* near, close
cercano *(adj.)* close
el **cerebro** *(s.)* brain
el **cero** *(s.)* zero
cerrar *(v.)* to close, to conclude
certificar *(v.)* to certify
la **cerviz** *(s.)* cervix, nape of the neck
cesar *(v.)* to cease, to stop

la **cibernética** *(s.)* cybernetics
cicatrizar *(v.)* to heal
el **cielo** *(s.)* sky, heaven
la **ciencia** *(s.)* science
el, la **científico, -a** *(s.)* scientist
cierto *(adj.)* certain, true
el **cigarrillo** *(s.)* cigarette
la **cima** *(s.)* peak, top
el **cimiento** *(s.)* foundation; base, origin
el **cine** *(s.)* movie theater, cinema
el **cinematógrafo** *(s.)* movies, motion picture camera
el **círculo** *(s.)* circle
el, la **cirujano, -a** *(s)* surgeon
la **cita** *(s.)* quotation
citar *(v.)* to quote
la **ciudad** *(s.)* city
el, la **ciudadano, -a** *(s.)* citizen
claro *(adj.)* clear
la **clase** *(s.)* class, kind
clavar *(v.)* to stick in; to nail
el, la **cliente** *(s.)* customer, client
el **cobre** *(s.)* copper
cocinar *(v.)* to cook
el **coche** *(s.)* car
el **código** *(s.)* code
el **codo** *(s.)* elbow
el **cohete** *(s.)* rocket, skyrocket
coincidir *(v.)* to coincide, to concur
la **cola** *(s.)* tail
colgar *(v.)* to hang
colocar *(v.)* to place, to put in order
colonizar *(v.)* to colonize
el **colono** *(s.)* colonist, settler
el **coloquio** *(s.)* colloquy, talk
el **colorido** *(s.)* color
colorido *(adj.)* colorful
el **collado** *(s.)* height
la **comarca** *(s.)* territory, region
comarcano *(adj.)* neighboring, bordering
el **combate** *(s.)* combat
el, la **combatiente** *(s.)* combatant
combatir *(v.)* to engage in combat
el, la **comensal** *(s.)* mealtime companion

comentar *(v.)*   to comment

el **comentario** *(s.)*   commentary

comenzar *(v.)*   to start, to begin

comer *(v.)*   to eat

el, la **comerciante** *(s.)*   merchant, trader

los **comestibles** *(s.)*   groceries

cometer *(v.)*   to commit, to perpetrate

la **comida** *(s.)*   dinner, food

el **comienzo** *(s.)*   beginning

como *(adv.)*   as, like

cómo *(adv.)*   how?

el, la **compañero, -a** *(s.)*   colleague, fellow student

la **compañía** *(s.)*   company

comparar *(v.)*   to compare

el **compás** *(s.)*   measured beat

complacerse *(v.)*   to be pleased; to take pleasure

completar *(v.)*   to complete, to finish

completo *(adj.)*   complete

por **completo** *(m. adv.)*   completely

el, la **cómplice** *(s.)*   accomplice

componer *(v.)*   to compose, to compound

comoprar *(v.)*   to buy, to purchase

comprender *(v.)*   to understand, to include

el **comprimido** *(s.)*   tablet

comprometerse *(v.)*   to commit oneself

la **computadora** *(s.)*   computer

comunicar *(v.)*   to communicate

comunicarse *(v.)*   to communicate

con *(prep.)*   with

conceder *(v.)*   to give

concentrar *(v.)*   to concentrate

concluir *(v.)*   to end, to finish, to conclude

concordar *(v.)*   to agree

la **concha** *(s.)*   sea shell

la **condena** *(s.)*   sentence

el, la **condenado, -a** *(s.)*   convict

condenar *(v.)*   to damn, to condemn

conducir *(v.)*   to drive

confesar *(v.)*   to confess

la **confianza** *(s.)*   trust, confidence

confiar *(v.)*   to trust, to hope, to be confident

confirmar *(v.)*   to support, to confirm

el **conflicto** *(s.)*   conflict

confundir *(v.)*   to confuse

confundirse *(v.)*   to be confused, to be mixed up

conjugar *(v.)*   to conjugate

el **conjunto** *(s.)*   unit, system of parts

conmigo *(pron.)*   with me

el **conmutador** *(s.)*   telegraph key

conocer *(v.)*   to know, to become acquainted

el, la **conocido, -a** *(s.)*   acquaintance

el **conocimiento** *(s.)*   knowledge, acquaintance

la **conquista** *(s.)*   conquest

el, la **conquistador, -a** *(s.)*   conqueror

conquistar *(v.)*   to conquer

consagrar *(v.)*   to consecrate

la **consecuencia** *(s.)*   consequence

a **consecuencia** *(loc. conj.)*   because of

conseguir *(v.)*   to obtain, to attain, to get

el **consejo** *(s.)*   advice

conservar *(v.)*   to keep

considerable *(adv.)*   large, great

la **consideración** *(s.)*   regard, consideration

considerar *(v.)*   to consider, to judge

consigo *(pron.)*   with himself, with herself, with themselves

consolar *(v.)*   to comfort, to console

consolidar *(v.)*   to consolidate

constituir *(v.)*   to constitute, to form

el, la **constructor, -a** *(s.)*   maker, builder

construir *(v.)*   to build, to construct

la **consulta** *(s.)*   office hours, consultation

el **consultorio** *(s.)*   doctor's office

la **consunción** *(s.)* consumption

el, la **contador, -a** *(s.)* paymaster, accountant

contar *(v.)* to count; to tell

contar con *(v.)* to rely on

contender *(v.)* to contend

contener *(v.)* to contain; to include

contento *(adj.)* glad, satisfied, content

contestar *(v.)* to answer

la **contienda** *(s.)* contest

la **continuación** *(s.)* continuation

a continuación *(m. adv.)* immediately

continuar *(v.)* to continue

contra *(prep.)* against

contrario *(adj.)* opposite; contrary

por el contrario *(m. adv.)* on the contrary

el **contratiempo** *(s.)* misfortune, mishap

el **contrincante** *(s.)* competitor, rival, opponent

la **contumacia** *(s.)* contumacy, obstinacy, stubbornness

la **convalecencia** *(s.)* convalescence

convencer *(v.)* to convince

el **convencimiento** *(s.)* belief; conviction

conversar *(v.)* to converse, to chat, to talk

convertir *(v.)* to convert, to change

convidar *(v.)* to invite

el **convite** *(s.)* feast, banquet; invitation

la **copia** *(s.)* copy

copiar *(v.)* to copy

el **copo** *(s.)* flake

el **copo de nieve** *(s.)* snowflake

el **corazón** *(s.)* heart

el, la **cordero, -a** *(s.)* lamb

la **corona** *(s.)* crown

el, la **corredor, -a** *(s.)* runner

el **corredor de corta distancia** *(s.)* sprinter

el **correo** *(s.)* mail, post office

el **correo aéreo** *(s.)* air mail

el **correo certificado** *(s.)* registered mail

correr peligro *(v.)* to run a risk

corresponder *(v.)* to pertain

el, la **corresponsal** *(s.)* correspondent, journalist

la **corriente** *(s.)* current

la **corte** *(s.)* court

cortesano *(adj.)* courtlike; obliging

el, la **cortesano, -a** *(s.)* courtier

la **cortina** *(s.)* curtain

la **cosa** *(s.)* thing, matter

la **cosecha** *(s.)* harvest, crop

coser *(v.)* to sew, to stitch

la **costa** *(s.)* shore, coast

el **costado** *(s.)* side

la **costilla** *(s.)* rib

la **costumbre** *(s.)* custom; habit

crecer *(v.)* to grow

creciente *(adj.)* growing

la **creencia** *(s.)* belief

creer *(v.)* to believe, to think

el, la **criado, -a** *(s.)* servant; groom, maid

la **crianza** *(s.)* upbringing, education

criar *(v.)* to breed; to raise; to create

el **crimen** *(s.)* crime, offense

el, la **cronista** *(s.)* chronicler

crucificar *(v.)* to crucify

la **cruz** *(s.)* cross

cruzar *(v.)* to cross

el **cuadrado** *(s.)* square

el **cuadro** *(s.)* painting, picture

la **cualidad** *(s.)* quality

cualquier, -a *(adj.)* any

cualquiera *(pron.)* anyone, anybody

cuán *(adv.)* how

cuando *(conj.)* when, while

cuántos *(adj.)* how many

en cuanto a *(m. adv.)* as for, in regard to

la **cubierta** *(s.)* covering, tire

cubrir *(v.)* to cover

el **cuchillo** *(s.)* knife

la **cuenta** *(s.)* computation, count; account; report

por mi cuenta (*m. adv.*)   in my opinion, in my judgment
la cuerda (*s.*)   string, cord, rope
el cuerpo (*s.*)   corps, body
el cuidado (*s.*)   care
cuidar (*v.*)   to care for, to look after
cuidarse (*v.*)   to take care of oneself
la culpa (*s.*)   guilt; sin; fault
culpable (*adj.*)   guilty
cultivar (*v.*)   to cultivate
la cumbre (*s.*)   top, peak
cumplir (*v.*)   to keep (a promise); to execute, to perform; to fulfill
cumplirse (*v.*)   to come true
el cura (*s.*)   parish priest
la cura (*s.*)   cure, healing
el, la curandero, -a (*s.*)   healer, medicine man
curar (*v.*)   to cure, to heal
curarse (*v.*)   to recover from sickness

CH

la chanza (*s.*)   joke, jest
la chapa (*s.*)   nameplate
el charco (*s.*)   pool, puddle
la charla (*s.*)   chat, talk
charlar (*v.*)   to chat, to prattle
el charlatán (*s.*)   quack, charlatan
el, la chico, -a (*s.*)   boy, little boy; girl, little girl
el chisme (*s.*)   gossip
chocar (*v.*)   to collide, to clash
el chorro (*s.*)   stream, spurt

D

dado que (*m. conj.*)   so long as, considering that
la danza (*s.*)   dance
danzar (*v.*)   to dance
dañar (*v.*)   to hurt, to damage
el daño (*s.*)   injury, harm
dar (*v.*)   to give
dar al través con (*v.*)   to throw away, to ruin, to destroy

dar con (*v.*)   to push with; to meet; to find
darse (*v.*)   to devote oneself
darse cuenta de (*v.*)   to realize
el dato (*s.*)   datum
de (*prep.*)   of, from, by
deber (*v.*)   to have to (expressing an obligation), must, should
deberse a (*v.*)   to be due to
debido (*adj.*)   due
débil (*adj.*)   weak
decaer (*v.*)   to fail, to languish
decidir (*v.*)   to decide
decir (*v.*)   to say, to tell
declarar (*v.*)   to declare, to manifest
el decreto (*s.*)   decree
dedicar (*v.*)   to devote
el dedo (*s.*)   finger
defender (*v.*)   to defend
el, la defensor, -a (*s.*)   defender, supporter; counsel for the defense
definir (*v.*)   to define, to describe
defraudar (*v.*)   to defraud
la deidad (*s.*)   deity
dejar (*v.*)   to leave; to let, to permit, to allow
dejarse (*v.*)   to let or allow oneself
delante (*adv.*)   before, ahead, in front
delatar (*v.*)   to denounce
el delfín (*s.*)   dolphin
el delito (*s.*)   offense, crime
demandar (*v.*)   to demand
demasiado (*adj.*)   too, too much
el demonio (*s.*)   demon
la demora (*s.*)   delay
demostrar (*v.*)   to show
denominar (*v.*)   to call, to give a name to
dentro (*adv.*)   within
depender (*v.*)   to depend, to rely
el deporte (*s.*)   sport
la derecha (*s.*)   right; right side
derecho (*adj.*)   right, straight; right handed

el derecho *(s.)* law

derivar *(v.)* to derive, to come from

derogar *(v.)* to revoke; to repeal, to abolish

la derrota *(s.)* defeat

derrotar *(v.)* to defeat

desangrar *(v.)* to bleed excessively

desarrollar *(v.)* to develop, to improve

desarrollarse *(v.)* to happen

el desarrollo *(s.)* development

la desatención *(s.)* disrespect, discourtesy

desbarbado *(adj.)* beardless

el descanso *(s.)* rest

descender *(v.)* to descend, to go down

descomponerse *(v.)* to decompose

desconfiar *(v.)* to mistrust; to have no confidence

desconocer *(v.)* to ignore

desconocido *(adj.)* unknown

el desconocimiento *(s.)* disregard; ignorance

describir *(v.)* to describe

el, la descubridor, -a *(s.)* discoverer

el descubrimiento *(s.)* discovery

descubrir *(v.)* to discover

descuidar *(v.)* to neglect

desde *(prep.)* from, since

desear *(v.)* to wish, to desire, to want

desechar *(v.)* to put aside, to reject

desempeñar *(v.)* to perform; to fill

desencadenar *(v.)* to free; to break out with fury

desenchufar *(v.)* to unplug

el desenlace *(s.)* denouement, conclusion

desenvuelto *(adj.)* unfettered; free

el deseo *(s.)* desire, wish

desertar *(v.)* to desert

desesperadamente *(adv.)* desperately, hopelessly

desgañitarse *(v.)* to shriek, to scream at the top of one's voice

la desgracia *(s.)* misfortune, affliction

designar *(v.)* to appoint

describir *(v.)* to describe

el desmayo *(s.)* faint

desnudo *(adj.)* naked

desobedecer *(v.)* to disobey

despacio *(adv.)* slowly

el despacho *(s.)* office

el despegue *(s.)* liftoff

el déspota *(s.)* despot

después *(adv.)* after

destacado *(adj.)* prominent

destacar *(v.)* to emphasize, to bring out

el, la destinatario, -a *(s.)* recipient, subject; addressee

el destino *(s.)* destination

destruir *(v.)* to destroy

el desvarío *(s.)* extravagant action or speech

la desventaja *(s.)* disadvantage

desviar *(v.)* to divert, to turn aside

detalladamente *(adv.)* minutely

detallar *(v.)* to detail, to specify

detener *(v.)* to stop

detenerse *(v.)* to stop, to linger

detenidamente *(adv.)* carefully, thoroughly

determinar *(v.)* to specify; to distinguish; to determine

detrás *(adv.)* behind, after

la deuda *(s.)* debt

devastar *(v.)* to lay waste, to ruin

devorar *(v.)* to devour

el día *(s.)* day

el, la diablo, -a *(s.)* devil

diagnosticar *(v.)* to diagnose

el diario *(s.)* newspaper; diary, journal

el, la dibujante *(s.)* draftsman

dibujar *(v.)* to draw; to depict

el dibujo *(s.)* sketch

dictar *(v.)* to dictate; to pronounce sentence

la **dicha** *(s.)*   happiness
el **dicho** *(s.)*   saying; expression
el **diente** *(s.)*   tooth
diferenciar *(v.)*   to alter; to differentiate
difícil *(adj.)*   difficult, hard
difundir *(v.)*   to spread
digno *(adj.)*   worthy, deserving
la **diligencia** *(s.)*   business
el **diluvio** *(s.)*   flood, deluge
el **dinero** *(s.)*   money
el **dios** *(s.)*   god
la **diosa** *(s.)*   goddess
la **dirección** *(s.)*   address
dirigir *(v.)*   to direct, to control; to lead
dirigirse *(v.)*   to address; to dedicate; to go toward
el **disco** *(s.)*   disk, record, phonograph record
discutir *(v.)*   to discuss
la **disensión** *(s.)*   dissension; dissent; strife
el **disfraz** *(s.)*   disguise, costume
disfrutar *(v.)*   to enjoy
disimular *(v.)*   to disguise, to conceal
el **disimulo** *(s.)*   pretense
el **disparate** *(s.)*   nonsense, absurdity
disponer *(v.)*   to be prepared, to be ready; to order, to command; to arrange
disponer de *(v.)*   to have at one's disposal
el **dispositivo**   device, mechanism
dispuesto *(adj.)*   ready; graceful; able
distinguir *(v.)*   to distinguish, to discern
distinto *(adj.)*   different, distinct
la **distracción** *(s.)*   amusement, distraction
distraer *(v.)*   to amuse; to distract
distraerse *(v.)*   to amuse oneself
la **diversión** *(s.)*   diversion, amusement
diversivo *(adj.)*   amusing, entertaining

diverso *(adj.)*   different; various, several
divertir *(v.)*   to amuse, to divert
divertirse *(v.)*   to amuse oneself; to have a good time
dividir *(v.)*   to divide, to split
divinizar *(v.)*   to deify
doctrinar *(v.)*   to teach, to instruct
documentar *(v.)*   to document
dogmatizar *(v.)*   to dogmatize
la **dolencia** *(s.)*   disease, ailment; aching
el, la **doliente** *(s.)*   patient
el **dolo** *(s.)*   fraud, deceit
el **dolor** *(s.)*   sorrow, affliction, pain
doloroso *(adj.)*   painful
dominar *(v.)*   to master, to dominate
el **dominio** *(s.)*   domain
la **doncella** *(s.)*   maiden, virgin
donde *(adv.)*   where
dormir *(v.)*   to sleep
el **dormitorio** *(s.)*   bedroom
la **dosis** *(s.)*   dose, quantity
dotado de   endowed with, gifted with
dotar *(v.)*   to endow with powers or talents, to give
el **dramaturgo** *(s.)*   playwright, dramatist
la **droga** *(s.)*   drug
la **droguería** *(s.)*   drugstore
la **duda** *(s.)*   doubt
el, la **dueño, -a** *(s.)*   owner
la **duna** *(s.)*   dune
el **duque** *(s.)*   duke
durante *(adv.)*   during
duro *(adj.)*   unbearable, cruel; hard

E

e *(conj.)*   and (used for **y** before words beginning with **i** and **hi**, but not **hie**)
ecuestre *(adj.)*   equestrian
echar *(v.)*   to throw, to put
echar al correo   to mail
la **edad** *(s.)*   age; epoch, era

la **Edad Media** *(s.)*   Middle Ages
edificar *(v.)*   to build
el **edificio** *(s.)*   building, edifice
eficaz *(adj.)*   effective
la **ejecución** *(s.)*   execution
el **ejemplo** *(s.)*   example
ejercer *(v.)*   to exercise
el **ejercicio** *(s.)*   exercise
ejercitar *(v.)*   to practice, to
   perform
el **ejército** *(s.)*   army
elaborar *(v.)*   to elaborate
el **electorado** *(s.)*   electorate; con-
   stituency
la **electricidad** *(s.)*   electricity
la **electrónica** *(s.)*   electronics
la **electrotecnia** *(s.)*   elec-
   trotechnics
elegir *(v.)*   to choose
el **elenco** *(s.)*   theatrical cast
elevado *(adj.)*   high
eludir *(v.)*   to elude, to evade;
   to avoid
la **embarcación** *(s.)*   vessel, ship
embarcar *(v.)*   to put on board;
   to ship; to embark
embaucador *(adj.)*   deceptive
embaucar *(v.)*   to deceive
el **embuste** *(s.)*   fib, lie
embustero *(adj.)*   lying, insin-
   cere
la **emisora** *(s.)*   broadcasting sta-
   tion
empeorar *(v.)*   to grow worse
empezar *(v.)*   to begin; to start
emplear *(v.)*   to use; to employ
emplumado *(adj.)*   feathered
la **empresa** *(s.)*   enterprise, business, company, manage-
   ment
el, la **empresario, -a** *(s.)*   manager of
   a theater
en *(prep.)*   in, at, on, into, about
enamorado *(adj.)*   in love
el, la **enamorado, -a** *(s.)*   lover
enamorarse *(v.)*   to fall in love
el **encabezamiento** *(s.)*   heading
encabezar *(v.)*   to lead, to head
encargado *(adj.)*   in charge
el, la **encargado, -a** *(s.)*   person in
   charge

encender *(v.)*   to light; to turn
   on (the radio, the TV set,
   etc.)
encerrar *(v.)*   to contain, to include, to involve
encima *(adv.)*   above, overhead
la **encomienda** *(s.)*   parcel
encontrar *(v.)*   to find, to meet
encontrarse *(v.)*   to meet, to encounter
el **encuentro** *(s.)*   encounter,
   meeting
endiosar *(v.)*   to deify
el, la **enemigo, -a** *(s.)*   enemy
enfatizar *(v.)*   to emphasize
enfermar *(v.)*   to fall ill
la **enfermedad** *(s.)*   illness, sickness, disease
el, la **enfermero, -a** *(s.)*   nurse
enfermo *(adj.)*   sick, ill
el, la **enfermo, -a** *(s.)*   patient
el **enfoque** *(s.)*   focus; approach
el **enfrentamiento** *(s.)*   confronta-
   tion
enfrentar *(v.)*   to face
enfrentarse con *(v.)*   to face
engañador *(adj.)*   deceiving
el, la **engañador, -a** *(s.)*   deceiver
engañar *(v.)*   to deceive, to
   cheat
el **engaño** *(s.)*   deception
engañoso *(adj.)*   deceitful
engendrar *(v.)*   to beget, to
   generate
el **engranaje** *(s.)*   gear, gearing
enmascarar *(v.)*   to mask
enredarse *(v.)*   to get entan-
   gled, involved in difficulties
el **enredo** *(s.)*   falsehood, plot;
   snare
ensayar *(v.)*   to rehearse
el **ensayo** *(s.)*   rehearsal; essay
enseñar *(v.)*   to teach
el **ente** *(s.)*   being, entity
entender *(v.)*   to understand
entero *(adj.)*   entire, whole
el **entierro** *(s.)*   burial
entonces *(adv.)*   then
la **entrada** *(s.)*   entrance, admis-
   sion ticket
la **entraña** *(s.)*   entrail

entrar *(v.)* to enter
entre *(prep.)* between, among
el **entreacto** *(s.)* intermission
entregar *(v.)* to deliver, to give
entregarse *(v.)* to surrender; to deliver oneself up
entretener *(v.)* to amuse; to entertain
entretenerse *(v.)* to amuse oneself
entretenido *(adj.)* entertaining, pleasant
el **entretenimiento** *(s.)* amusement, entertainment
entristecerse *(v.)* to grieve; to become sad
enumerar *(v.)* to enumerate
el **envés** *(s.)* back, obverse
enviar *(v.)* to send, to ship
el **envío** *(s.)* remittance
enyesar *(v.)* to plaster
el **episodio** *(s.)* episode, incident
la **epístola** *(s.)* epistle, formal letter
la **época** *(s.)* epoch
la **epopeya** *(s.)* epic poem
equivaler *(v.)* to be equivalent
equivocarse *(v.)* to make a mistake
equívoco *(adj.)* ambiguous, equivocal
erguido *(adj.)* erect
erguir *(v.)* to erect
la **escala** *(s.)* port of call
el, la **escalador, -a** *(s.)* climber
escapar *(v.)* to escape, to elude
el **escarabajo** *(s.)* beetle
escarmentado *(adj.)* cautious because of past experience
la **escasez** *(s.)* scarcity, shortage
la **escena** *(s.)* scene, stage
el **escenario** *(s.)* stage
escoger *(v.)* to choose, to select
escogido *(adj.)* chosen, selected
escolar *(adj.)* school
esconder *(v.)* to hide, to conceal
el, la **escribano, -a** *(s.)* notary
escribir *(v.)* to write

escrito *(adj.)* written
por escrito *(m. adv.)* in writing
el **escrito** *(s.)* writing, literary composition; document; writ, brief
el, la **escritor, -a** *(s.)* writer
la **escritura** *(s.)* deed
el **escuadrón** *(s.)* squadron
escuchar *(v.)* to listen
el **escudero** *(s.)* shield bearer; squire
el **escudo** *(s.)* shield
el **escudo de armas** *(s.)* coat of arms
la **escuela** *(s.)* school
escultórico *(adj.)* sculptural
la **escultura** *(s.)* sculpture
el **esfuerzo** *(s.)* effort
la **espada** *(s.)* sword
la **espalda** *(s.)* back
de espaldas backwards, on one's back
espantoso *(adj.)* frightful, dreadful
español *(adj.)* Spanish
el, la **español, -a** *(s.)* Spaniard
el **esparcimiento** *(s.)* amusement, recreation
esparcir *(v.)* to spread, to disseminate
el **espectáculo** *(s.)* show, pageant, spectacle
el **espejo** *(s.)* mirror
la **esperanza** *(s.)* hope
esperar *(v.)* to expect, to wait
el **espolio (expolio)** *(s.)* plunder, spoils
la **esquela** note, short letter
el **esquema** *(s.)* plan, scheme
establecer *(v.)* to establish
el **establecimiento** *(s.)* establishment
el **estacionamiento** *(s.)* parking lot
estacionar *(v.)* to park
el, la **estadista** *(s.)* statesman, stateswoman
el **estado** *(s.)* state, condition
la **estafa** *(s.)* swindle

el estafador *(s.)* swindler, cheater
estafar *(v.)* to defraud, to swindle
la estafeta *(s.)* post office; courier
la estampilla *(s.)* postage stamp
el estandarte *(s.)* standard; banner
el estante *(s.)* shelf
estar *(v.)* to be
la estatua *(s.)* statue
la estatura *(s.)* stature
el estilo *(s.)* style
estimar *(v.)* to esteem; to value
estirar *(v.)* to stretch
estrecho *(adj.)* close
la estrella *(s.)* star
la estrofa *(s.)* stanza
estudiar *(v.)* to study
la etapa *(s.)* stage, step
evitar *(v.)* to avoid
evolucionar *(v.)* to evolve
exaltar *(v.)* to praise; to exalt
el examen *(s.)* examination, exam, test
exclamar *(v.)* to exclaim, to cry out
excluir *(v.)* to exclude
excusar *(v.)* to excuse
exento *(adj.)* exempt; free
exhibir *(v.)* to display, to exhibit
eximir *(v.)* to exempt
existir *(v.)* to exist, to have being
el éxito *(s.)* success
el expediente *(s.)* file of papers bearing on a case
experimentar *(v.)* to experience
el, la experto, -a *(s.)* expert
expiar *(v.)* to expiate, to atone for
explicar *(v.)* to explain
explorar *(v.)* to explore
el, la explorador, -a *(s.)* explorer
exponer *(v.)* to exhibit, to show
expresar *(v.)* to express, to state
el expreso *(s.)* special delivery

extender *(v.)* to extend, to enlarge, to increase
extendidamente *(adj.)* extensively
exterminar *(v.)* to exterminate
extranjero *(adj.)* foreign, alien
el, la extranjero, -a *(s.)* foreigner
extraño *(adj.)* unusual, strange
las extremidades *(s.)* extremities

F

la fábrica *(s.)* factory
la fabricación *(s.)* manufacture
fabricar *(v.)* to manufacture, to fabricate
fabril *(adj.)* manufacturing
la fábula *(s.)* fable
fácil *(adj.)* easy
fácilmente *(adv.)* easily
la facultad *(s.)* school in a university
el facultativo *(s.)* physician
la fachada *(s.)* facade
la falacia *(s.)* deceit, fallacy
falaz *(adj.)* deceitful, fallacious
falsear *(v.)* to adulterate, to falsify
la falsedad *(s.)* falsehood, lie
falso *(adj.)* false
la falta *(s.)* lack; offense, misdeed
faltar *(v.)* to be absent, to be missing
el fallo *(s.)* judgment, decision, verdict
familiarizarse *(v.)* to accustom, to become familiar
el fanfarrón *(s.)* braggart, boaster
la farsa *(s.)* farce, sham
el favor *(s.)* help
  a favor *(m. adv.)* in favor
favorecer *(v.)* to help, to favor
la faz *(s.)* face
la fe *(s.)* faith; promise given
la fecundación *(s.)* conception
fecundar *(v.)* to fertilize
la fecha *(s.)* date
feliz *(adj.)* happy
feo *(adj.)* ugly
el féretro *(s.)* coffin

la **feria** (*s.*)   fair
festejar (*v.*)   to celebrate; to entertain
el **festejo** (*s.*)   feast
el **festín** (*s.*)   entertainment, feast, banquet
el **feto** (*s.*)   fetus
la **ficha** (*s.*)   block, chip, tile
la **fiebre** (*s.*)   fever
fiel (*adj.*)   faithful, loyal
la **fiera** (*s.*)   wild beast
fiero (*adj.*)   fierce
la **fiesta** (*s.*)   party, feast, celebration, holiday, festivity, festival
figurado (*adj.*)   figurative
figurar (*v.*)   to be conspicuous; to figure, to include
la **fila** (*s.*)   line
la **filmación** (*s.*)   filming, shooting
filmar (*v.*)   to film
el **fin** (*s.*)   purpose, end
  por fin (*m. adv.*)   at last, finally
  al fin (*m. adv.*)   at last
el **final** (*s.*)   end
financiar (*v.*)   to finance
fingir (*v.*)   to feign
la **firma** (*s.*)   signature
la **firmeza** (*s.*)   firmness
el **fiscal** (*s.*)   district attorney; public prosecutor
físico (*adj.*)   physical
el **fleco** (*s.*)   fringe
la **flecha** (*s.*)   arrow
la **flor** (*s.*)   flower
el **foco** (*s.*)   spotlight
el **fondo** (*s.*)   background
la **forma** (*s.*)   type, form
formar (*v.*)   to make up, to constitute; to form
el, la **formador, -a** (*s.*)   one who forms, fashions or shapes; maker
fornido (*adj.*)   robust
el **foro** (*s.*)   forum; court of law
forzar (*v.*)   to force
fosco (*adj.*)   gloomy
fracasar (*v.*)   to fail
el **fracaso** (*s.*)   failure

la **francachela** (*s.*)   feast, carousal
francés (*adj.*)   French
el **franqueo** (*s.*)   postage
la **frase** (*s.*)   phrase
el **fraude** (*s.*)   fraud
la **frecuencia** (*s.*)   frequency
  con frecuencia (*m. adv.*)   with frequency, frequently
el **freno** (*s.*)   brake
frente (*adv.*)   front
  de frente (*m. adv.*)   facing
  en frente (*m. adv.*)   in front
el **frente** (*s.*)   front, facade
la **frente** (*s.*)   forehead
frío (*adj.*)   cold
el **frío** (*s.*)   cold, coldness
el **fuego** (*s.*)   fire
  hacer fuego   to fire, to shoot
la **fuente** (*s.*)   source, fountain
fuera (*adv.*)   out, outside
  fuera de (*m. adv.*)   out of, outside of
fuerte (*adj.*)   strong
la **fuerza** (*s.*)   force
las **fuerzas armadas** (*s.*)   armed forces
la **fuerza aérea** (*s.*)   air force
fullero (*adj.*)   dishonest, cheating
la **función** (*s.*)   show; function
funcionar (*v.*)   to work, to perform, to operate, to function
fundar (*v.*)   to establish, to found
fundirse (*v.*)   to melt
funesto (*adj.*)   regrettable, sad
la **furia** (*s.*)   fury, rage, violence
el **fusil** (*s.*)   rifle
el **fusilamiento** (*s.*)   execution by shooting
  pelotón de fusilamiento (*s.*)   firing squad

G

el **galeno** (*s.*)   physician
gallego (*adj.*)   Galician
el **ganado** (*s.*)   flock, cattle
ganador (*adj.*)   winning
el, la **ganador, -a** (*s.*)   winner

la **ganancia** *(s.)*   profit, gain
ganar *(v.)*   to earn, to make money; to win
la **garganta** *(s.)*   throat
gastar *(v.)*   to spend; to use
el **gasto** *(s.)*   expense
el **género** *(s.)*   gender
el **género humano** *(s.)*   mankind, humanity
genovés *(adj.)*   Genoese, from Genoa
la **gente** *(s.)*   people
el **gerente** *(s.)*   manager
el **gesto** *(s.)*   gesture, countenance, facial features
el **gigante** *(s.)*   giant
la **gira** *(s.)*   tour
girar *(v.)*   to turn, to revolve
el **giro** *(s.)*   turn, rotation
la **glorieta** *(s.)*   arbor, summerhouse
glorificar *(v.)*   to glorify
la **gobernación** *(s.)*   government
el, la **gobernador, -a** *(s.)*   governor
el **gobernante** *(s.)*   ruler
gobernar *(v.)*   to rule, to govern
el **gobierno** *(s.)*   government
el **golfo** *(s.)*   gulf
el **golpe** *(s.)*   shock, clash; blow; strike, hit, knock
la **goma** *(s.)*   rubber; gum
el **gorrión** *(s.)*   sparrow
gótico *(adj.)*   Gothic
gozar *(v.)*   to enjoy
la **grabación** *(s.)*   record
el **grabado** *(s.)*   engraving; picture; illustration
el, la **grabador, -a** *(s.)*   engraver
grabar *(v.)*   to record
la **gracia** *(s.)*   witticism; grace, gracefulness; joke, jest
gracias a *(m. adv.)*   thanks to
el **grado** *(s.)*   degree
el **gráfico** *(s.)*   diagram
la **gragea** *(s.)*   pill
el **granadero** *(s.)*   grenadier, soldier
gran *(adj.)*   great, large (used for **grande** before singular nouns)

grande *(adj.)*   big, great
granizar *(v.)*   to hail
el **granizo** *(s.)*   hail
gratificar *(v.)*   to reward, to recompense; to gratify
grave *(adj.)*   serious, seriously ill
la **gravedad** *(s.)*   seriousness
de gravedad *(m. adv.)*   seriously
gravemente *(adv.)*   seriously
griego *(adj.)*   Greek
el **grillo** *(s.)*   cricket
la **gripe** *(s.)*   grippe, influenza
gritar *(v.)*   to cry out, to shout, to scream
el **grito** *(s.)*   cry, scream, yell
grueso *(adj.)*   thick; corpulent; big
el **grupo** *(s.)*   group
el **guardabarro** *(s.)*   fender
guardar *(v.)*   to keep
gubernamental *(adj.)*   governmental
la **guerra** *(s.)*   war
guerrear *(v.)*   to make war
el **guerrero** *(s.)*   warrior
el, la **guerrillero, -a** *(s.)*   guerrilla
el, la **guía** *(s.)*   guide
la **guía telefónica** *(s.)*   telephone book
el **guión** *(s.)*   script, screenplay
gustar *(v.)*   to like
el **gusto** *(s.)*   pleasure

H

haber *(v.)*   to have; to be
el **habitante** *(s.)*   inhabitant, resident, dweller
habitar *(v.)*   to live, to dwell, to inhabit
habitual *(adj.)*   usual
habitualmente *(adv.)*   usually
habituar *(v.)*   to accustom
el° **habla** *(s.)*   language
hablado *(adj.)*   spoken
la **habladuría** *(s.)*   gossip; impertinent speech
el, la **hablante** *(s.)*   speaker

hablar *(v.)*　to speak
el **Hacedor** *(s.)*　the Creator, the Maker
hacer *(v.)*　to make, to do
hacia *(prep.)*　toward
hacia arriba　upward
hacia el cielo　heavenward
hacia lo alto　skyward
hallar *(v.)*　to find
el° **hambre** *(s.)*　hunger
hambriento *(adj.)*　hungry
hasta *(conj.)*　even
hasta *(prep.)*　until, to, up to
el **hato** *(s.)*　herd of animals
hay *(v. impersonal irregular form of* **haber**) there is, there are
la **hechicería** *(s.)*　witchcraft
el, la **hechicero, -a** *(s.)*　sorcerer, sorceress
el **hecho** *(s.)*　fact, event
　de hecho *(m. adv.)*　in fact, as a matter of fact
helado *(adj.)*　cold; frigid
la **hembra** *(s.)*　female
la **herejía** *(s.)*　heresy
la **herida** *(s.)*　wound
herido *(adj.)*　wounded
el, la **herido, -a** *(s.)*　wounded person, injured person
la **hermana** *(s.)*　sister
el **hermano** *(s.)*　brother
hermoso *(adj.)*　beautiful
la **herramienta** *(s.)*　tool
la **herrería** *(s.)*　blacksmith shop
el **hidalgo** *(s.)*　nobleman
el **hierro** *(s.)*　iron; any pointed weapon
la **hija** *(s.)*　daughter
el **hijo** *(s.)*　son, child
el, la **hilandero, -a** *(s.)*　spinner
el **himno** *(s.)*　hymn, anthem
hinchar *(v.)*　to swell
la **hipocresía** *(s.)*　hypocrisy
hispano *(adj.)*　Spanish; Spanish-American; Hispanic
la **historia** *(s.)*　story
el **hogar** *(s.)*　home, hearth
la **hoja** *(s.)*　leaf

el **holgorio** *(s.)*　noisy festivity, frolic, merriment
el **hombre** *(s.)*　man, male
el **hombro** *(s.)*　shoulder
hondo *(adj.)*　deep
el **hongo** *(s.)*　mushroom
honrar *(v.)*　to honor
la **hora** *(s.)*　hour
horadar *(v.)*　to perforate, to pierce
hoy *(adv.)*　today, at the present time
el **hueso** *(s.)*　bone
la **hueste** *(s.)*　followers, supporters
la **humanidad** *(s.)*　humanity, mankind
humano *(adj.)*　human
humilde *(adj.)*　humble, lowly
el **humo** *(s.)*　smoke
hurtar *(v.)*　to steal
hurtarse *(v.)*　to hide, to move away

I

la **ida** *(s.)*　departure
　ida y vuelta　round trip, out and back
el **ideario** *(s.)*　system of ideas
identificar *(v.)*　to identify
el **idioma** *(s.)*　language
idolatrar *(v.)*　to idolize
la **iglesia** *(s.)*　church
igual *(adj.)*　equal
iluso *(adj.)*　deluded, deceived
ilustrar *(v.)*　to illustrate
la **imagen** *(s.)*　image, appearance
imaginar *(v.)*　to imagine, to suppose
imitar *(v.)*　to imitate, to copy
impedir *(v.)*　to prevent, to impede
el **imperio** *(s.)*　domain, empire
impetrar *(v.)*　to entreat
imponer *(v.)*　to impose
importar *(v.)*　to be important
　eso no importa　that doesn't matter
el **impreso** *(s.)*　printed matter

impropio *(adj.)* improper, unbecoming, inappropriate

el impuesto *(s.)* tax

incaico *(adj.)* Incan

incapaz *(adj.)* unable

el incendio *(s.)* fire

inclinar *(v.)* to incline, to bow

incluir *(v.)* to include

el inconsciente *(s.)* unconscious

el inconveniente *(s.)* inconvenience

incorporar *(v.)* to incorporate

incurable *(adj.)* hopeless, incurable

incurrir *(v.)* to incur, to become liable

indefenso *(adj.)* defenseless

indemnizar *(v.)* to compensate, to indemnify

la indiada *(s.)* crowd or multitude of Indians

la indicación *(s.)* direction

indicar *(v.)* to indicate, to point out

el, la indio, -a *(s.)* Indian

indisponerse *(v.)* to become mildly ill

la índole *(s.)* class, kind

indómito *(adj.)* untamed

el indulto *(s.)* pardon

industrializar *(v.)* to industrialize

ineludible *(adj.)* unavoidable

la infancia *(s.)* childhood, infancy

infatigablemente *(adv.)* indefatigable

infeliz *(adj.)* unhappy; unfortunate

el, la infeliz *(s.)* poor devil

inferior *(adj.)* lower, inferior

el infierno *(s.)* hell

influir *(v.)* to influence, to interfere

informar *(v.)* to inform

el infundio *(s.)* fib, story

el, la ingeniero, -a *(s.)* engineer

el ingenio *(s.)* creative faculty, ingenuity

ingenioso *(adj.)* ingenious

ingente *(adj.)* very large, huge

inglés *(adj.)* English

ingresar *(v.)* to enter

el ingreso *(s.)* income

iniciar *(v.)* to start, to begin

injusto *(adj.)* unjust, unfair

inocuo *(adj.)* innocuous, harmless

inquietante *(adj.)* disturbing

insaciable *(adj.)* greedy, insatiable

insigne *(adj.)* famous

inspirar *(v.)* to breathe, to inhale; to inspire

instalar *(v.)* to install

instituir *(v.)* to establish

el instrumento *(s.)* machine

la ínsula *(s.)* island, isle

integrar *(v.)* to form, to compose, to integrate

integro *(adj.)* honest

intentar *(v.)* to try, to attempt

el intento *(s.)* purpose, intention; attempt

el interés *(s.)* interest, attraction

interesar *(v.)* to interest, to attract

intermedio *(adj.)* in between, in the middle

internar *(v.)* to place in an institution

interpretar *(v.)* to act; to interpret

íntimo *(adj.)* intimate

introducir *(v.)* to introduce

introducirse *(v.)* to gain access, to get in

la inundación *(s.)* flood

inundar *(v.)* to flood

inusitado *(adj.)* unusual

inútil *(adj.)* useless

invadir *(v.)* to invade

el, la invasor, -a *(s.)* invader

inventar *(v.)* to invent

inverso *(adj.)* inverse

a la inversa *(m. adv.)* on the contrary

invertir *(v.)* to reverse

investigar *(v.)* to do research; to investigate

el, la invitado, -a *(s.)* guest

invitar *(v.)* to invite

invocar *(v.)* to invoke, to implore

la inyección *(s.)* injection, shot

ir *(v.)* to go

ir de compras to go shopping

la isla *(s.)* island

izar *(v.)* to hoist, to raise

la izquierda *(s.)* left; left side

a la izquierda to the left, on the left

izquierdo *(adj.)* left; left handed

J

jactarse *(v.)* to boast, to brag

jamás *(adv.)* never

el jarabe *(s.)* syrup

la jarana *(s.)* carousal, revelry

el jardín *(s.)* garden

el, la jefe, -a *(s.)* chief, commanding officer

jerárquico *(adj.)* hierarchical

el, la jornalero, -a *(s.)* day laborer

joven *(adj.)* young

el, la joven *(s.)* youth

la joya *(s.)* jewel

el, la joyero, -a *(s.)* jeweler

el juego *(s.)* gambling; game; set

la juerga *(s.)* spree, carousal

el, la juez *(s.)* judge

el, la jugador, -a *(s.)* player, gambler

jugar *(v.)* to play, to participate actively

el juicio *(s.)* trial

junto *(adv.)* together

el jurado *(s.)* jury

el juramento *(s.)* oath

jurar *(v.)* to swear, to take an oath

justificar *(v.)* to justify

justo *(adj.)* just, fair

el juzgado *(s.)* court of justice

juzgar *(v.)* to judge

L

la labor *(s.)* labor, task, work

el, la labrador, -a *(s.)* farmer, peasant

labrar *(v.)* to cultivate, to till

el lado *(s.)* side

por otro lado on the other hand

el, la ladrón, -a *(s.)* thief, robber

lamentar *(v.)* to regret, to be sorry

el lamento *(s.)* lamentation

lamer *(v.)* to lick

la lámpara *(s.)* lamp

la lanza *(s.)* lance

el lanzamiento *(s.)* launching, launch

lanzar *(v.)* to hurl

largo *(adj.)* long

la lástima *(s.)* pity, compassion

el latido *(s.)* beat

la lealtad *(s.)* loyalty, fidelity

la lectura *(s.)* reading

el, la lechero, -a *(s.)* milkman, milkmaid

leer *(v.)* to read

el legajo *(s.)* file

legalizar *(v.)* to legalize

legislar *(v.)* to legislate, to enact laws

lejano *(adj.)* distant, far

lejos *(adv.)* far, far away

la lengua *(s.)* language; tongue

el lenguaje *(s.)* language

lentamente *(adv.)* slowly

lesionar *(v.)* to injure

la letra *(s.)* letter of the alphabet

el, la letrado, -a *(s.)* lawyer

el letrero *(s.)* sign, poster

levantar *(v.)* to raise

la ley *(s.)* law

la leyenda *(s.)* legend

la libertad *(s.)* freedom, liberty

libertado *(adj.)* free

librar *(v.)* to protect; to preserve; to free

libre *(adj.)* free

el libro *(s.)* book

el, la licenciado, -a *(s.)* lawyer; licenciate

licuarse *(v.)* to liquefy; to melt

la lid *(s.)* fight, contest

el líder *(s.)* leader

la lidia *(s.)* battle, fight

lidiar *(v.)* to fight, to contend

el **lienzo** *(s.)* canvas

la **ligadura** *(s.)* restraining bond; ligature

ligero *(adj.)* swift, nimble; light

limitar *(v.)* to limit, to restrain

el **linaje** *(s.)* lineage

el **linaje humano** *(s.)* humanity, mankind

lindo *(adj.)* pretty

la **línea telefónica** *(s.)* telephone line

el **litigio** *(s.)* litigation

el **lobo** *(s.)* wolf

el **local** *(s.)* site, premises

la **localidad** *(s.)* seat location in a theater

el, la **loco, -a** *(s.)* madman, madwoman; insane or crazy person

la **locución** *(s.)* locution, phrase

el, la **locutor, -a** *(s.)* radio announcer or speaker

el **lodo** *(s.)* mud, clay

la **lucha** *(s.)* fight

el, la **luchador, -a** *(s.)* fighter

luchar *(v.)* to fight, to struggle

luego *(adv.)* afterwards, next, later

luego *(conj.)* therefore

el **lugar** *(s.)* place

la **luna** *(s.)* moon

la **luz** *(s.)* light

LL

la **llaga** *(s.)* sore, ulcer

la **llama** *(s.)* flame; violent passion

la **llamada** *(s.)* call, telephone call

llamar *(v.)* to call, to name; to telephone, to phone

llamarse *(v.)* to be called, to be named

el **llano** *(s.)* plain, level field

la **llanta** *(s.)* rim

la **llegada** *(s.)* arrival

llegar *(v.)* to arrive, to reach; to go as far as

llegar a ser *(v.)* to become; to get to be

lleno *(adj.)* full, filled

llevar *(v.)* to take, to carry

llorar *(v.)* to cry, to weep

llover *(v.)* to rain

la **lluvia** *(s.)* rain

M

el **macho** *(s.)* male

la **madera** *(s.)* wood

la **madre** *(s.)* mother

madrileño *(adj.)* from Madrid

el **maestro** *(s.)* teacher, master

el **maíz** *(s.)* corn, maize

la **maja** *(s.)* attractive and ostentatious woman

mal *(adv.)* badly, wrongly

el **mal** *(s.)* illness, ailment; evil

el **malestar** *(s.)* indisposition, malaise

la **malicia** *(s.)* malice, malignity

malo *(adj.)* bad

la **mamá** *(s.)* mom, mamma

la **manada** *(s.)* flock; herd

el **mandadero** *(s.)* messenger, errand boy

mandar *(v.)* to command, to direct; to send

el **mandato** *(s.)* mandate

el **mando** *(s.)* power, dominion

manejar *(v.)* to drive; to manage, to wield, to handle

la **manera** *(s.)* manner, way, mode

de alguna manera *(m. adv.)* in some way, somehow

manifestar *(v.)* to show; to let know

el **maniquí** *(s.)* puppet, mannequin

la **mano** *(s.)* hand

la **manta** *(s.)* mantilla; woolen blanket

mantener *(v.)* to keep, to fulfull

mantenerse *(v.)* to remain

el **manto** *(s.)* cloak; large mantilla

el **mantón** *(s.)* mantilla, shawl

manufacturar *(v.)* to manufacture

la **mañana** *(s.)* morning

el mapa *(s.)* map
la maqueta *(s.)* model
la máquina *(s.)* machine
la máquina de coser *(s.)* sewing machine
la maquinaria *(s.)* machinery
el maquinismo *(s.)* mechanization
el, la mar *(s.)* sea
la maravilla *(s.)* wonder, marvel
maravilloso *(adj.)* marvelous
marcar *(v.)* to mark, to indicate; to dial
marchar *(v.)* to walk, to march
marchitar *(v.)* to wither, to fade
el mareo *(s.)* dizziness
el marido *(s.)* husband
el marinero *(s.)* sailor
el martirio *(s.)* torture, pain, martyrdom
más *(adv.)* more, most
mas *(conj.)* but
el, la masajista *(s.)* masseur, masseuse
el mástil *(s.)* mast
matar *(v.)* to kill
la materia *(s.)* matter; subject, topic; cause
el matiz *(s.)* nuance
mayor *(adj.)* greater, larger; principal; older
el mayor *(s.)* major
la mayoría *(s.)* majority
la mayúscula *(s.)* capital letter
la mazorca *(s.)* ear of corn
el mecánico *(s.)* mechanic
el mecanismo *(s.)* mechanism
mecanizar *(v.)* to mechanize
mecer *(v.)* to rock, to swing
mediano *(adj.)* moderate, medium
mediante *(adv.)* with the help of, through
mediar *(v.)* to intervene
el, la médico, -a *(s.)* physician
la medida *(s.)* measure
  a medida que *(loc. conj.)* as; at the same time as
medio *(adj.)* half, middle
  en medio *(m. adv.)* in the middle, in the midst

el medio *(s.)* way, method
los medios *(s.)* means
mejor *(adj.)* better, best
mejorar *(v.)* to improve; to recover from a disease or illness
la mejoría *(s.)* improvement
mencionar *(v.)* to mention, to name
mendaz *(adj.)* mendacious
el, la mendigo, -a *(s.)* mendicant, beggar
la mengua *(s.)* disgrace, diminuation
menor *(adj.)* smaller, less; younger, youngest
menos *(adv.)* less
el mensaje *(s.)* message
el mensajero *(s.)* messenger, carrier
mentir *(v.)* to lie
la mentira *(s.)* lie
la mentira oficiosa *(s.)* white lie
mentiroso *(adj.)* lying
el mes *(s.)* month
la mesa *(s.)* table
el, la mestizo, -a *(s.)* half-breed
la mezcla *(s.)* mixture
mezclar *(v.)* to mix, to mingle
la mezquita *(s.)* mosque
el miedo *(s.)* fear
el miembro *(s.)* member
mientras *(adv.)* while
mientras tanto *(m. adv.)* meanwhile, in the meantime
la mies *(s.)* ripe wheat and other grain before thrashing
las mieses *(s.)* grain fields
la milicia *(s.)* militia
el miliciano *(s.)* militia man
el militar *(s.)* military man
el millar *(s.)* thousand
el ministro *(s.)* clergyman, minister
la minúscula *(s.)* small letter
la mira *(s.)* intention, view
la mirada *(s.)* look
mirar *(v.)* to look; to watch
la misa *(s.)* mass

mismo *(adj.)*   same, similar, very; self

la mistificación *(s.)*   mystification

mistificador *(adj.)*   mystifying

mistificar *(v.)*   to mystify

la mitad *(s.)*   half

el mitin *(s.)*   political meeting; rally

el mito *(s.)*   myth

la mochila *(s.)*   knapsack

modificar *(v.)*   to change, to modify

el modo *(s.)*   mode, manner, way

mojarse *(v.)*   to get wet

molesto *(adj.)*   annoying; uncomfortable

el monarca *(s.)*   monarch

la monja *(s.)*   nun

el monje *(s.)*   monk

montar *(v.)*   to mount; to ride horseback

el monte *(s.)*   mount, mountain

morir *(s.)*   to die

el, la moro *(s.)*   Moor

mostrar *(v.)*   to show

mostrarse *(v.)*   to show oneself, to appear

el motivo *(s.)*   motive, reason

el motor *(s.)*   engine

motorizar *(v.)*   to motorize, to mechanize

mover *(v.)*   to move

moverse *(v.)*   to move oneself

el movimiento *(s.)*   movement, motion

el, la muchacho, -a *(s.)*   boy; girl

mucho *(adj.)*   much, great deal; long

mucho *(adv.)*   very much, a great deal

muchos *(adj.)*   many

mudarse *(v.)*   to move

la muerte *(s.)*   death

muerto *(adj.)*   dead

la mujer *(s.)*   woman; wife; female

mundial *(adj.)*   world, worldwide

el mundo *(s.)*   world

el muñeco *(s.)*   puppet, doll

la muralla *(s.)*   wall

el muro *(s.)*   wall, rampart

muy *(adv.)*   very

N

nacer *(v.)*   to be born

el nacimiento *(s.)*   birth; beginning

nada *(pron.)*   nothing

nadar *(v.)*   to swim

nadie *(pron.)*   nobody, no one

el narciso *(s.)*   daffodil

la nariz *(s.)*   nose

narrar *(v.)*   to narrate, to tell

el natural *(s.)*   native

la naturaleza *(s.)*   nature

naufragar *(v.)*   to be shipwrecked

la nave *(s.)*   ship

la nave espacial *(s.)*   spaceship, space craft

el navegante *(s.)*   navigator

navegar *(v.)*   to navigate

el navío *(s.)*   ship

necesitar *(v.)*   to need

el negocio *(s.)*   shop, store

los negocios *(s.)*   business

negro *(adj.)*   black

el nervio *(s.)*   nerve

el neumático *(s.)*   tire, pneumatic tire

nevar *(s.)*   to snow

ni *(conj.)*   nor, neither

el, la nieto, -a *(s.)*   grandson; granddaughter

la nieve *(s.)*   snow

ninguno *(adj.)*   no one, none (**ningún** is used before singular masculine nouns)

ninguno *(pron.)*   none, no one

el, la niño, -a *(s.)*   child; boy; girl

los, las niños, -as *(s.)*   children

el nivel *(s.)*   level

la noche *(s.)*   night

nombrar *(v.)*   to name

el nombre *(s.)*   name

la norma *(s.)*   norm, rule

el norte *(s.)*   north

el nosocomio *(s.)*   hospital

la nota *(s.)*   note

notar *(v.)*   to notice

la **noticia** *(s.)*　news item; notice; information
el **noticiario** *(s.)*　newscast
notificar *(v.)*　to notify
nuevo *(adj.)*　new
el **numen** *(s.)*　divinity
nunca *(adv.)*　never

Ñ

el **ñandú** *(s.)*　American ostrich
ñoño *(adj.)*　timid, shy; feeble-minded

O

o *(conj.)*　or
o sea　that is
el **obispo** *(s.)*　bishop
el **objetivo** *(s.)*　purpose
obligar *(v.)*　to compel, to force, to obligate
la **obra** *(s.)*　work
la **obra maestra** *(s.)*　master work, masterpiece
obrar *(v.)*　to work
el, la **obrero, -a** *(s.)*　worker
el, la **obrero, -a fabril** *(s.)*　factory worker
observar *(v.)*　to observe
obscurecer *(v.)*　to darken; to cloud
la **obtención** *(s.)*　attainment
obtener *(v.)*　to obtain
el **ocaso** *(s.)*　sunset
occidental *(adj.)*　western
ocultar *(v.)*　to hide, to conceal
ocupar *(v.)*　to occupy
ocurrir *(v.)*　to happen
la **ofensiva** *(s.)*　offensive
oficiar *(v.)*　to officiate
la **oficina** *(s.)*　office, workshop
el **oficio** *(s.)*　work, occupation; function
ofrecer *(v.)*　to offer, to exhibit
la **ofrenda** *(s.)*　religious offering
ofrendar *(v.)*　to present offerings
el **oído** *(s.)*　ear
oír *(v.)*　to hear, to listen

el **ojo** *(s.)*　eye
la **ola** *(s.)*　wave
el **oleaje** *(s.)*　surf
el **óleo** *(s.)*　oil painting
olvidar *(v.)*　to forget
el **olvido** *(s.)*　forgetfulness
la **olla** *(s.)*　pot
omitir *(v.)*　to omit
ondear *(v.)*　to undulate, to sway
onírico *(adj.)*　dream-like
operar *(v.)*　to operate; to perform surgery
el **operario** *(s.)*　skilled worker
opinar *(v.)*　to judge, to be of the opinion
oponer *(v.)*　to oppose
oportuno *(adj.)*　opportune, timely
oprimir *(v.)*　to oppress
optar *(v.)*　to choose
opuesto *(adj.)*　opposite, contrary, opposed
la **oración** *(s.)*　sentence
el **orador** *(s.)*　orator, speaker
orar *(v.)*　to pray
la **orden** *(s.)*　order, command
la **ordenanza** *(s.)*　order, law, ordinance
ordenar *(v.)*　to order, to command; to arrange
la **oreja** *(s.)*　ear
organizar *(v.)*　to organize
el **oro** *(s.)*　gold
osar *(v.)*　to dare
ostensoso *(adj.)*　boastful
otro *(adj.)*　other, another
la **oveja** *(s.)*　sheep

P

el, la **paciente** *(s.)*　patient
padecer *(v.)*　to suffer
el **padre** *(s.)*　father
el **Padre Eterno** *(s.)*　God Almighty
el **Padre Celestial** *(s.)*　Heavenly Father
los **padres** *(s.)*　parents
la **paga** *(s.)*　payment; fee

pagar *(v.)* to pay
la página *(s.)* page
el pago *(s.)* payment
el país *(s.)* country
el pájaro *(s.)* bird
la palabra *(s.)* word
el palco *(s.)* theater box
pálido *(adj.)* pale
la pantalla *(s.)* screen
el papel *(s.)* paper; role, part; document
el paquete *(s.)* package
para *(prep.)* for, in order to, by
para qué *(loc. conj.)* what for
el parabrisas *(s.)* windshield
el parachoques *(s.)* bumper
parecer *(v.)* to appear, to look like, to seem
parecerse *(v.)* to resemble, to be like
la pared *(s.)* wall
el, la pariente, -a *(s.)* relative
parir *(v.)* to give birth
el párrafo *(s.)* paragraph
la parranda *(s.)* carousal, spree
la parte *(s.)* part, share
   por otra parte *(m. adv.)* on the other hand
participar *(v.)* to participate, to partake
la partida *(s.)* departure; game
partir *(v.)* to start; to depart
   a partir de starting from
la partitura *(s.)* musical score
el pasaje *(s.)* road, side street; passage
pasar *(v.)* to pass, to go to; to happen; to spend
pasar por *(v.)* to be considered as, to pass for
el pasatiempo *(s.)* pastime, amusement
el pasillo *(s.)* passage, corridor
el paso *(s.)* step, footstep
   al paso que *(loc. conj.)* while, whereas
   de paso *(m. adv.)* slightly; in passing
la pastilla *(s.)* tablet
el, la pastor, -a *(s.)* shepherd

patear *(v.)* to kick
la patraña *(s.)* fake
la patria fatherland
el, la patrono, -a *(s.)* patron, protector
el pavo *(s.)* turkey
el pavo real *(s.)* peacock
el payaso *(s.)* clown
el pecado *(s.)* sin; guilt
el pecho *(s.)* chest
el, la pedicuro, -a *(s.)* podiatrist
pedir *(v.)* to ask for, to beg
la pelea *(s.)* fight
pelear *(v.)* to fight
la película *(s.)* film, motion picture
peligroso *(adj.)* dangerous
el pelotón *(s.)* platoon
la pena *(s.)* affliction, sorrow; punishment, penalty
penetrar *(v.)* to permeate, to pervade
el, la penitente *(s.)* one who is penitent or contrite
penoso *(adj.)* painful, laborious
el, la pensador, -a *(s.)* thinker
el pensamiento *(s.)* thought; project
pensar *(v.)* to think
la penuria *(s.)* poverty, indigence, penury
pequeño *(adj.)* small, little
perder *(v.)* to lose
perderse *(v.)* to be ruined; to get lost
la pérdida *(s.)* loss, damage
perdonar *(v.)* to pardon
perdurable *(adj.)* lasting, durable
el periódico *(s.)* newspaper, periodical
el, la perito, -a *(s.)* expert
perjudicar *(v.)* to damage, to hurt
el perjuicio *(s.)* damage, injury
perjurar *(v.)* to commit perjury
el perjurio *(s.)* perjury
permanecer *(v.)* to remain
permitir *(v.)* to allow, to permit

pero *(conj.)* but
el perro *(s.)* dog
perseguir *(v.)* to beset; to pursue; to persecute
el personaje *(s.)* character, personage
persuadir *(v.)* to persuade
pertenecer *(v.)* to belong
peruano *(adj.)* Peruvian
pesado *(adj.)* heavy
pesar *(v.)* to cause regret, to cause sorrow
el pescado *(s.)* fish
el pescador *(s.)* fisherman
pescar *(v.)* to fish
el peso *(s.)* weight; burden
la peste *(s.)* pestilence
el pez *(s.)* fish
piadoso *(adj.)* pious
el pie *(s.)* foot
  de pie, en pie *(m. adv.)* standing up
la piedra *(s.)* stone
la piel *(s.)* skin, hide
el, la piel roja *(s.)* redskin
la pierna *(s.)* leg
la pieza *(s.)* part; play; room
la píldora *(s.)* pill
pintar *(v.)* to paint; to portray; to describe
el, la pintor, -a *(s.)* painter
la pintura *(s.)* painting
la pintura al óleo *(s.)* oil painting
el piñón *(s.)* pinion
la pirámide *(s.)* pyramid
la pisada *(s.)* footstep
la placa *(s.)* plaque, name plate
el placer *(s.)* pleasure
el plagio *(s.)* plagiarism
el plano *(s.)* level; map, plan
  primer plano *(s.)* foreground
la planta *(s.)* plant
plantar *(v.)* to plant
la platea *(s.)* orchestra, seats on main floor of theater
la plática *(s.)* talk, chat
platicar *(v.)* to talk, to converse
el platillo *(s.)* saucer
el pleito *(s.)* law suit; dispute
pleno *(adj.)* full

el pliego *(s.)* sheet of paper; document
la población *(s.)* population
el, la poblador, -a *(s.)* dweller, resident
poblar *(v.)* to populate, to inhabit
pobre *(adj.)* poor
la pobreza *(s.)* poverty
poco *(adj.)* little
  poco tiempo short time
pocos *(adj.)* few
el poder *(s.)* power
poder *(v.)* to be able, to be capable; can, may
poderoso *(adj.)* powerful, mighty
la poesía *(s.)* poetry, poem
el policía *(s.)* policeman
la política *(s.)* politics, policy
el político *(s.)* politician
la pomada *(s.)* salve
poner *(v.)* to put, to place; to give (a name); to call
ponerse *(v.)* to put on
la popa *(s.)* poop deck, stern
el póquer *(s.)* poker
por *(prep.)* for, by, through; per; about
por qué *(m. adv.)* why
por más que however much, no matter how
porque *(conj.)* because, for
portarse *(v.)* to behave
la posdata *(s.)* postscript
poseer *(v.)* to hold, to possess
la posología *(s.)* dosage
practicar *(v.)* to practice, to perform, to do
preceder *(v.)* to precede, to go before
el precio *(s.)* price; importance, worth
precisar *(v.)* to determine
predominar *(v.)* to predominate
el predominio *(s.)* predominance
preferir *(v.)* to prefer
prefijar *(v.)* to predetermine
la pregunta *(s.)* question

el **prejuicio** *(s.)* prejudice
preludiar *(v.)* to initiate; to play a prelude
el **premio** *(s.)* prize
preocupado *(adj.)* worried
preocupar *(v.)* to worry
preparar *(v.)* to prepare
prescribir *(v.)* to prescribe
presentar *(v.)* to offer, to give, to present
presentarse *(v.)* to present oneself
prestar *(v.)* to render, to perform
pretender *(v.)* to solicit, to seek
la **primavera** *(s.)* spring
primero *(adj.)* first, former (**primer** is used before singular masculine nouns)
primero *(adv.)* first
la **princesa** *(s.)* princess
el **príncipe** *(s.)* prince
el **principio** *(s.)* beginning, start
a **principios de** *(m. adv.)* at the beginning of
privar *(v.)* to deprive
la **proa** *(s.)* bow, prow
probar *(v.)* to prove
proceder *(v.)* to behave, to act; to be the result, to occur
el, la **procurador, -a** *(s.)* attorney
producir *(v.)* to produce
profundamente *(adv.)* profoundly, deeply
profundo *(adj.)* deep; intense
progresar *(v.)* to progress
el **prójimo** *(s.)* fellow creature
prolijo *(adj.)* over-careful
prolongar *(v.)* to prolong
el **promedio** *(s.)* average
la **promesa** *(s.)* promise
promulgar *(v.)* to promulgate, to proclaim
prontamente *(adv.)* fast
pronto *(adv.)* promptly, quickly; soon
propicio *(adj.)* favorable, propitious
propio *(adj.)* one's own;

proper, original; characteristic, typical
proponer *(v.)* to propound, to propose
el **propósito** *(s.)* aim, purpose
a **propósito de** *(m. adv.)* in connection with
el, la **prosista** *(s.)* prose writer
proteger *(v.)* to protect
el **protocolo** *(s.)* judicial record; protocol
provechoso *(adj.)* beneficial, good; useful
proveer *(v.)* to provide, to furnish
provenir *(v.)* to originate; to arise; to come from
provenir de *(v.)* to come from; to arise from
provocar *(v.)* to excite; to provoke
próximo *(adj.)* near, next, close, proximate
proyectar *(v.)* to design, to plan
la **prueba** *(s.)* proof, evidence, trial
publicar *(s.)* to publish
el **pueblo** *(s.)* people, nation; town, village
el **puente** *(s.)* bridge
la **puerta** *(s.)* door
el **puerto** *(s.)* port, harbor
pues *(conj.)* then; because, as; inasmuch as
puesto que *(loc. conj.)* inasmuch as, since
la **pugna** *(s.)* struggle
pugnar *(v.)* to struggle
pulverizar *(v.)* to pulverize, to atomize
punir *(v.)* to punish
la **punta** *(s.)* point; cape, headland
el **punto** *(s.)* point, dot

Q

que *(conj.)* that
quebrantar *(v.)* to break

quebrar *(v.)*   to break

el, la quechua *(s.)*   Indians in the region that is now Peru at the time of the Spanish conquest

quedar *(v.)*   to remain, to stay, to be left (in a state or condition)

quejarse *(v.)*   to complain

quemar *(v.)*   to burn

querer *(v.)*   to wish, to want

querer decir *(v.)*   to mean

querido *(adj.)*   dear, beloved

químico *(adj.)*   chemical

la quinta *(s.)*   villa

quitar *(v.)*   to take away

el quitasol *(s.)*   parasol, sunshade

quizá, quizás *(adv.)*   perhaps, maybe

R

el rabino *(s.)*   rabbi

la radiación *(s.)*   radiation

radicar *(v.)*   to lie, to reside

radicarse *(v.)*   to settle, to establish oneself

la radiodifusión *(s.)*   broadcasting

el, la radioescucha *(s.)*   radio listener

la radiografía *(s.)*   radiography, X-ray picture

el radiorreceptor *(s.)*   radio receiver

el, la radioyente *(s.)*   radio listener

raer *(v.)*   to wipe out, to blot out

la raíz *(s.)*   root; base

el rallador *(s.)*   grater

la rana *(s.)*   frog

rápidamente *(adv.)*   fast, rapidly

rápido *(adj.)*   fast, quick, rapid

raro *(adj.)*   unusual, rare

el rasgo *(s.)*   characteristic, feature

el rastro *(s.)*   trace, sign

el rato *(s.)*   while

el rayo *(s.)*   thunderbolt

la raza *(s.)*   race

la razón *(s.)*   reason

reaccionar *(v.)*   to react

real *(adj.)*   royal

la realidad *(s.)*   reality

en realidad *(m. adv.)*   really, in fact

realizar *(v.)*   to perform

rebelarse *(v.)*   to rebel

el, la rebelde *(s.)*   rebel

el recado *(s.)*   message

recaer *(v.)*   to suffer a relapse

la recaída *(s.)*   relapse

la receta *(s.)*   prescription

recetar *(v.)*   to prescribe

recibir *(v.)*   to receive; to take

recio *(adj.)*   strong, vigorous

recluir *(v.)*   to seclude

reclutar *(v.)*   to recruit

recoger *(v.)*   to retake, to pick up

recolectar *(v.)*   to harvest, to collect, to pick

reconocer *(v.)*   to recognize

la reconquista *(s.)*   reconquest

la recopilación *(s.)*   compilation, collection; digest

recordar *(v.)*   to remember

recorrer *(v.)*   to travel

la recreación *(s.)*   recreation, diversion

recrear *(v.)*   to amuse, to entertain

recrearse *(v.)*   to amuse oneself

el recreo *(s.)*   recreation, amusement

rectamente *(adv.)*   straightly

el recuerdo *(s.)*   memory

recurrir *(v.)*   to resort

el rechazo *(s.)*   rejection

la red *(s.)*   net

redactar *(v.)*   to write, to compose

el, la redentor, -a *(s.)*   redeemer

redimir *(v.)*   to redeem

reducir *(v.)*   to reduce, to decrease, to diminish

reemplazar *(v.)*   to replace, to substitute

referirse *(v.)*   to refer to

reflejar *(v.)*   to reflect

la refriega *(s.)*   fray, scuffle, skirmish

el **regalo** *(s.)* gift

el **regimiento** *(s.)* regiment

regir *(v.)* to apply; to rule, to govern, to direct; to command

el **registro** *(s.)* record

la **regla** *(s.)* rule

regresar *(v.)* to return

el **regreso** *(s.)* return

la **reina** *(s.)* queen

el **reinado** *(s.)* reign

el **reino** *(s.)* kingdom

reivindicar *(v.)* to regain possession of

relacionar *(v.)* to relate

relacionarse *(v.)* to be related; to get acquainted

el **relámpago** *(s.)* lightning

relampaguear *(v.)* to flash with lightning

relatar *(v.)* to tell, to report, to narrate, to relate

el **relato** *(s.)* narrative, narration

la **remachadora** *(s.)* riveter

remar *(v.)* to row, to paddle

el **remendón** *(s.)* cobbler

el, la **remitente** *(s.)* sender

remitir *(v.)* to send; to forward

el **remo** *(s.)* oar

el **remolque** *(s.)* towline

a **remolque** *(m. adv.)* in tow

renacer *(v.)* to be born again; to grow again

el **Renacimiento** *(s.)* Renaissance

rendir *(v.)* to render, to give, to do

rendirse *(v.)* to surrender

renombrado *(adj.)* renowned, famous

reparar *(v.)* to repair; to notice, to consider

repartir *(v.)* to distribute

repasar *(v.)* to review

repetir *(v.)* to repeat, to do again

repicar *(v.)* to ring

replicar *(v.)* to respond; to answer

reponer *(v.)* to repeat; to present again

reponerse *(v.)* to recover

reportar *(v.)* to carry; to attain

el **reposo** *(s.)* rest, repose

la **representación** *(s.)* performance

representar *(v.)* to perform, to represent

reprochar *(v.)* to reproach

reproducir *(v.)* to reproduce

requerir *(v.)* to require

el **resfriado** *(s.)* cold

resfriarse *(v.)* to catch cold

el **resfrío** *(s.)* cold

la **resina** *(s.)* resin, tree sap

la **resolución** *(s.)* resolution

en **resolución** *(m. adv.)* in short; in a word

resolver *(v.)* to resolve; to solve

el **respeto** *(s.)* respect, regard

responder *(v.)* to answer; to be responsible

la **respuesta** *(s.)* answer

restablecerse *(v.)* to recover

el **restablecimiento** *(s.)* recovery

resultar *(v.)* to result, to turn out, to become; to be

resumir *(v.)* to abridge, to abstract, to sum up

la **retaguardia** *(s.)* rearguard

retar *(v.)* to challenge

la **retirada** *(s.)* retreat

retirarse *(v.)* to retreat

el **reto** *(s.)* threat, menage, challenge

la **retórica** *(s.)* rhetoric

retornar *(v.)* to return

el **retorno** *(s.)* return

el **retraso** *(s.)* delay

el **retrato** *(s.)* portrait

la **reunión** *(s.)* gathering, reunion

reunir *(v.)* to gather; to meet; to unite

reunirse *(v.)* to meet, to get together

reverenciar *(v.)* to venerate, to revere

revisar *(v.)* to review, to revise

la **revista** *(s.)* magazine, journal

revolucionar *(v.)*   to revo-
lutionize

revolver *(v.)*   to turn over, to
move to and fro

la revuelta *(s.)*   revolt

el rey *(s.)*   king

rezar *(v.)*   to pray

rico *(adj.)*   rich, wealthy

el riesgo *(s.)*   danger, risk

el rincón *(s.)*   corner

el río *(s.)*   river

la riqueza *(s.)*   richness, wealth,
riches

la risa *(s.)*   laugh

el ritmo *(s.)*   rhythm

el rito *(s.)*   rite, ceremony

robar *(v.)*   to steal; to abduct; to
kidnap

el robo *(s.)*   robbery, theft

robusto *(adj.)*   robust, vigorous

la rodilla *(s.)*   knee

de rodillas   on one's knees

rogar *(v.)*   to beg, to request

rojo *(adj.)*   red

romper *(v.)*   to break, to tear

el rostro *(s.)*   human face

el rótulo *(s.)*   label

rubicundo *(adj.)*   blond; reddish

la rueda *(s.)*   wheel

la rueda dentada *(s.)*   gear wheel

la ruleta *(s.)*   roulette

el rumbo *(s.)*   course, direction

la ruptura *(s.)*   break, rupture

la ruta *(s.)*   route, way

S

saber *(v.)*   to know

la sabiduría *(s.)*   wisdom

el, la sabio, -a *(s.)*   scholar, wise person

sacar *(v.)*   to get, to take out

el sacerdote *(s.)*   priest

sacrificar *(v.)*   to sacrifice

la sacudida *(s.)*   shake, jolt,
lurch

sagrado *(adj.)*   sacred, holy

la sala *(s.)*   large parlor, living
room; hall, room

salir *(v.)*   to leave, to go out

salirse *(v.)*   to remove oneself

el salón *(s.)*   large room

el salto *(s.)*   jump, spring

de un salto *(m. adv.)*   at one
jump, in a flash

la salud *(s.)*   health

¡salud! *(interj.)*   hello!,
greetings!, good luck!; to
your health! (toast)

saludable *(adj.)*   healthy

saludar *(v.)*   to greet, to bow to;
to give greetings, to give
regards

el saludo *(s.)*   greeting

salvaje *(adj.)*   wild

el, la salvaje *(s.)*   savage

salvar *(v.)*   to save

salvarse *(v.)*   to be saved, to escape from danger

salvo *(adv.)*   except

sanar *(v.)*   to heal, to cure; to
recover from illness

el sanatorio *(s.)*   sanatorium, hospital

sancionar *(v.)*   to sanction, to
approve, to authorize, to
ratify

la sangre *(s.)*   blood

sangriento *(adj.)*   bloody

sano *(adj.)*   healthy; sound

santo *(adj.)*   holy, blessed

el sapo *(s.)*   toad

la sartén *(s.)*   frying pan

satisfacer *(v.)*   to satisfy; to
gratify

satisfecho *(adj.)*   satisfied,
contented

la sección *(s.)*   section

el, la sectario, -a *(s.)*   sectarian

la seguida *(s.)*   continuation

enseguida, en seguida
(m. adv.)   immediately

seguidamente *(adv.)*   immediately after

seguir *(v.)*   to follow; to pursue;
to prosecute; to continue

según *(prep.)*   according to, by;
depending on

segundo *(adj.)*   second

seguro *(adj.)* secure, safe
el seguro *(s.)* insurance
la selva *(s.)* forest
el sello *(s.)* stamp; seal
el sello de correos *(s.)* postage stamp
la semana *(s.)* week
sembrar *(v.)* to sow, to seed
semejante *(adj.)* similar, like
la semejanza *(s.)* resemblance, similarity, likeness
a semejanza de like
el semidiós *(s.)* demigod
el, la senador, -a *(s.)* senator
sencillo *(adj.)* simple
la sensatez *(s.)* good judgment, wisdom
sentar *(v.)* to fit
sentarse *(v.)* to sit down
la sentencia *(s.)* maxim; sentence, verdict, judgment, penalty
el sentido *(s.)* meaning, reason, sense
el sentimiento *(s.)* feeling, sentiment
sentir *(v.)* to feel; to resent, to feel sorry
la señal *(s.)* sign, signal
señalar *(v.)* to point out
el señor *(s.)* sir; mister, Mr.; lord, master
el Señor *(s.)* the Lord
separar *(v.)* to separate, to divide
el ser *(s.)* being
el Ser Supremo *(s.)* Supreme Being
ser *(v.)* to be
servir *(v.)* to serve
servir para *(v.)* to be for, to be useful for
servirse *(v.)* to help oneself
servirse de *(v.)* to make use of, to employ
el seudónimo *(s.)* pen name
la severidad *(s.)* seriousness, severity, strictness
sí *(adv.)* yes
si *(conj.)* if

si bien *(loc. conj.)* although
sideral *(adj.)* astral, sidereal
siempre *(adv.)* always
la sierra *(s.)* mountain range
el siglo *(s.)* century
el Siglo de Oro *(s.)* Golden Age
la significación *(s.)* meaning
el significado *(s.)* meaning
significar *(v.)* to mean, to signify, to denote
significativo *(adj.)* significant
siguiente *(adj.)* following
el silbato *(s.)* whistle
el silenciador *(s.)* muffler
la silla *(s.)* chair
el sillón *(s.)* armchair
simbolizar *(v.)* to symbolize
simpático *(adj.)* nice
sin *(prep.)* without
sin embargo *(loc. conj.)* nevertheless, however
sino *(conj.)* but
sintéticamente *(adv.)* synthetically
sitiar *(v.)* to besiege
soberbio *(adj.)* arrogant, haughty; superb
sobre *(prep.)* about; on, over
el sobre *(s.)* envelope
sobresalir *(v.)* to excel
sobrevivir *(v.)* to survive
la sobrina *(s.)* niece
el sobrino *(s.)* nephew
el, la sofista *(s.)* sophist
sofocar *(v.)* to repress
sojuzgar *(v.)* to subjugate, to subdue
el sol *(s.)* sun
solamente *(adv.)* only
el solaz *(s.)* recreation, relaxation
el soldado *(s.)* soldier
solicitar *(v.)* to solicit; to request
solo *(adj.)* alone, sole, lonely, only
por sí solo *(m. adv.)* by oneself, on one's own
sólo *(adv.)* only, solely
soltero *(adj.)* single
el sombrero *(s.)* hat

someter *(v.)*   to subject, to submit
el sonido *(s.)*   sound
sonoro *(adj.)*   sound
soñar *(v.)*   to dream
el soplo *(s.)*   breath
soportar *(v.)*   to endure, to bear
sorber *(v.)*   to absorb; to suck
sordo *(adj.)*   deaf
sospechoso *(adj.)*   suspicious
sostener *(v.)*   to maintain
el, la súbdito, -a *(s.)*   subject
subir *(v.)*   to rise
súbito *(adv.)*   suddenly
la sublevación *(s.)*   revolt
subordinar *(v.)*   to subject, to subordinate
subsiguiente *(adj.)*   subsequent
substituir *(v.)*   to substitute
el subteniente *(s.)*   second lieutenant
suceder *(v.)*   to happen
sucederse *(v.)*   to follow
el suceso *(s.)*   event
el suelo *(s.)*   earth, soil
el sueño *(s.)*   dream
el suero *(s.)*   serum
la suerte *(s.)*   fate; kind, sort
sufridor *(adj.)*   sufferer
sufrir *(v.)*   to suffer
la sugerencia *(s.)*   suggestion
sugerir *(v.)*   to suggest
sujetar *(v.)*   to subdue
sumamente *(adv.)*   extremely, exceedingly
sumergir *(v.)*   to submerge, to sink
sumir *(v.)*   to sink
la superchería *(s.)*   fraud
la superficie *(s.)*   surface
superior *(adj.)*   upper; higher
suplicar *(v.)*   to beg, to ask
suponer *(v.)*   to assume, to suppose, to imagine
supuestamente *(adv.)*   supposedly
el supuesto *(s.)*   supposition
  por supuesto *(m. adv.)*   of course, naturally
el sur *(s.)*   south

surgir *(v.)*   to appear, to arise
la suspicacia *(s.)*   suspiciousness
el suspiro *(s.)*   sigh
el sustantivo *(s.)*   noun
sutil *(adj.)*   subtle

T

la tabla *(s.)*   board, table
el tablado *(s.)*   stage, platform, stage boards
el tacón *(s.)*   heel, heel piece of a shoe
taconear *(v.)*   to make noise with the heels in dancing
tahúr *(adj.)*   gambling
tal *(adj.)*   as, such
tal *(adv.)*   in such manner
el taladro *(s.)*   drill
el taller *(s.)*   workshop
también *(adv.)*   also, too
tampoco *(adv.)*   neither
tan *(adv.)*   as, so, so much
tantear *(v.)*   to try; to consider carefully
tanto *(adv.)*   so much, as much, in such a manner
  por lo tanto *(loc. conj.)*   for that reason; therefore
la taquilla *(s.)*   ticket office
el, la taquillero, -a *(s.)*   clerk in a ticket office
tardar *(v.)*   to take a long time
tarde *(adv.)*   late
la tarde *(s.)*   afternoon
la tarea *(s.)*   task
la tarjeta *(s.)*   card
la tarjeta postal *(s.)*   post card
el tarro *(s.)*   jar
la taza *(s.)*   cup
la técnica *(s.)*   technique
el técnico *(s.)*   technician
la tecnología *(s.)*   technology
el tejado *(s.)*   roof
el, la tejedor, -a *(s.)*   weaver
telefonear *(v.)*   to telephone
telegrafiar *(v.)*   to telegraph; to cable
el, la telespectador *(s.)*   television viewer

el teletipo *(s.)* teletype machine

el, la televidente *(s.)* television viewer

televisar *(v.)* to televise

el televisor *(s.)* television set

el telón *(s.)* theater curtain

el tema *(s.)* theme, subject

temer *(v.)* to fear

temeroso *(adj.)* afraid

el temor *(s.)* fear; dread

la temporada *(s.)* season

temprano *(adv.)* early

tenebroso *(adj.)* dark

tener *(v.)* to have; to hold; to keep

tener que ver con *(v.)* to have to do with

el teniente *(s.)* first lieutenant

teñir *(v.)* to tinge

tercero *(adj.)* third

terminar *(v.)* to end, to finish

el término *(s.)* end; boundary

el termo *(s.)* thermos

la ternera *(s.)* female calf

la ternilla *(s.)* cartilage, gristle

el terremoto *(s.)* earthquake

el terreno *(s.)* field, sphere of action

terrorífico *(adj.)* terrific

la tertulia *(s.)* party; social gathering

el, la tesorero, -a *(s.)* treasurer

el tesoro *(s.)* treasure, treasury

el, la testigo, -a *(s.)* witness

tétrico *(adj.)* sad; dark

la tía *(s.)* aunt

el tiempo *(s.)* time; epoch; tense

la tierra *(s.)* earth; soil, land

tieso *(adj.)* stiff, rigid

el timón *(s.)* helm

el tío *(s.)* uncle

el tipo *(s.)* type

la tira *(s.)* strip, band

la tira cómica *(s.)* comic strip

tiranizar *(v.)* to tyrannize

el, la tirano, -a *(s.)* tyrant

el tiro *(s.)* shot, cast

titular *(v.)* to name, to call

el título *(s.)* title; degree

tocar *(v.)* to get (one's share); to touch; to play (a musical instrument, a record)

todavía *(adv.)* still

todo *(adj.)* all

el todo *(s.)* everything

los todos *(s.)* everybody

la toldería *(s.)* Indian camp

tomar *(v.)* to take

la tontería *(s.)* foolishness

el toque *(s.)* touch

el torero *(s.)* bull fighter

torpe *(adj.)* dull, stupid, crude

la torre *(s.)* tower

la tos *(s.)* cough

toser *(v.)* to cough

totalmente *(adv.)* totally

el, la trabajador, -a *(s.)* worker, laborer

trabajar *(v.)* to work

el trabajo *(s.)* work; hardship

la traducción *(s.)* translation

traducir *(v.)* to translate

traer *(v.)* to bring, to carry

traidor *(adj.)* traitorous, treacherous

la trama *(s.)* plot

tramar *(v.)* to plot

la tramoya *(s.)* trick

la trampa *(s.)* trap; trick, fraud; cheat

trampear *(v.)* to cheat, to swindle, to deceive

tramposo *(adj.)* tricky, swindling

transbordar *(v.)* to transfer

transcribir *(v.)* to copy, to transcribe

transcurrir *(v.)* to pass; to elapse

el, la transeúnte *(s.)* passer-by

transferir *(v.)* to transfer

transmitir *(v.)* to broadcast, to transmit

transportar *(v.)* to transport, to carry

la traslación *(s.)* change of position

el tratado *(s.)* treatise

el tratamiento *(s.)* form of address

tratar *(v.)* to deal; to treat

tratar de (*v.*)   to try
tratarse de (*v. impers.*)   to be a
  question of
el trato (*s.*)   treatment; social be-
  havior
el través (*s.*)   bias, inclination
  a través de (*m. adv.*)
    through, across
  dar al través con   to throw
    away; to ruin, to destroy
la travesía (*s.*)   sea voyage, cross-
  ing
la trayectoria (*s.*)   trajectory
trémulo (*adj.*)   trembling;
  quivering
el tren (*s.*)   train
la treta (*s.*)   trick
la tribu (*s.*)   tribe
la tripulación (*s.*)   crew
el, la tripulante (*s.*)   crew member
tripular (*v.*)   to man, to crew
triste (*adj.*)   sad
la tristeza (*s.*)   sadness, grief
triturar (*v.*)   to crush, to tritu-
  rate
triunfar (*v.*)   to win, to triumph
tronar (*v.*)   to thunder
el trono (*s.*)   throne
la tropa (*s.*)   troops
troyano (*adj.*)   Trojan
el truco (*s.*)   trick
el trueno (*s.*)   thunder
tuerto (*adj.*)   one-eyed

U

ubicar (*v.*)   to place, to locate
último (*adj.*)   last, latter
el ungüento (*s.*)   ointment
únicamente (*adv.*)   only
único (*adj.*)   only
la unidad (*s.*)   unit; unity
unir (*v.*)   to join, to unite; to
  attach
urdir (*v.*)   to plot
usar (*v.*)   to use
el uso (*s.*)   use

usted   you[1]
útil (*adj.*)   useful
utilizar (*v.*)   to utilize

V

la vaca (*s.*)   cow
la vacuna (*s.*)   vaccine
vago (*adj.*)   vague
el vahído (*s.*)   dizziness
la valentía (*s.*)   courage, valor,
  bravery
valer (*v.*)   to cost; to be worth,
  to be valuable; to be worthy
valerse de (*v.*)   to make use of,
  to have recourse to
valiente (*adj.*)   valiant, brave
valioso (*adj.*)   valuable; highly
  esteemed
el valor (*s.*)   value; worth, bravery
valorar (*v.*)   to value
la vanguardia (*s.*)   vanguard;
  avant-garde
vano (*adj.*)   vain
  en vano (*m. adv.*)   in vain
variado (*adj.*)   diverse
variar (*v.*)   to vary, to change
varios (*adj.*)   several, various
el varón (*s.*)   male
el vaso (*s.*)   glass
vasto (*adj.*)   vast, huge
vecino (*adj.*)   neighboring
el, la vecino, -a (*s.*)   neighbor
la vega (*s.*)   flat lowland
la vela (*s.*)   sail
la velada (*s.*)   social evening,
  evening gathering
velado (*adj.*)   veiled, foggy
velar (*v.*)   to watch, to protect
la velocidad (*s.*)   velocity, speed
velozmente (*adv.*)   rapidly
vencer (*v.*)   to win; to defeat
vendar (*v.*)   to bandage
vender (*v.*)   to sell
venir (*v.*)   to come
la venta (*s.*)   sale
la ventaje (*s.*)   advantage

---

[1] (The polite form of the second person verb subject; because it is a contraction of **vuestra
merced,** *your grace,* it requires the third person of the verb.)

la **ventana** *(s.)* window
ver *(v.)* to see
las **veras** *(s.)* reality, truth
veraz *(adj.)* truthful
la **verdad** *(s.)* truth
verdadero *(adj.)* true, real
el **verdugo** *(s.)* executioner, tor-
    mentor
verídico *(adj.)* truthful
versificar *(adj.)* to make
    verses, to versify
el **vestido** *(s.)* dress
la **vestimenta** *(s.)* clothes, cloth-
    ing; uniform
vestir *(v.)* to dress
la **vez** *(s.)* time, turn
    a **veces** *(m. adv.)* sometimes
    de **vez en cuando** *(m. adv.)*
        from time to time
    en **vez de** *(m. adv.)* instead
        of
    tal **vez** *(m. adv.)* perhaps
la **vía** *(s.)* way
viajar *(v.)* to travel; to journey
el **viaje** *(s.)* journey, voyage,
    travel, trip
el **vicio** *(s.)* vice
la **victoria** *(s.)* victory
la **vida** *(s.)* life
viejo *(s.)* old
el **viento** *(s.)* wind
el **vientre** *(s.)* belly
la **villa** *(s.)* town
virtuoso *(adj.)* virtuous
la **viruela** *(s.)* smallpox
visitar *(v.)* to visit
la **vista** *(s.)* view, sight; intent,
    purpose
viviente *(adj.)* living
vivir *(v.)* to live

vivo *(adj.)* alive
el **vocablo** *(s.)* word, term
el **volante** *(s.)* steering wheel
volar *(v.)* to fly
el **volcán** *(s.)* volcano
la **voluntad** *(s.)* will, desire
volver *(v.)* to return, to come
    back, to . . . again
volverse *(v.)* to become, to
    turn
la **voz** *(s.)* voice
el **vuelo** *(s.)* flight
la **vuelta** *(s.)* turn

Y

y *(conj.)* and
ya *(adv.)* now, presently, al-
    ready
ya *(conj.)* whether
yacer *(v.)* to lie down
yermo *(adj.)* wasted

Z

el **zagal** *(s.)* young shepherd
zalamero *(adj.)* wheedling,
    flattering
el **zapatero** *(s.)* shoemaker; shoe
    dealer
el **zapatero de viejo** *(s.)* cobbler
el **zapato** *(s.)* shoe
zarpar *(v.)* to sail, to weigh an-
    chor
¡**zas**! *(interj.)* sound of a blow
    (bang!)
la **zona** *(s.)* area, region

1 2 3 4 5 6 7 8 9 0